英語授業の「個別最適な学び」と「協働的な学び」

菅 正隆 編著

小・中学校の
授業アイデア

36

JN039347

明治図書

はじめに

　教師は多忙である。勤務時間外の膨大な仕事量。帰宅後も仕事は続く。異常である。その証左は昨今の教師のなり手不足に表れる。これを解消する術は給与体系を変えるだけでは対処療法に過ぎず，完治までには至らない。

　私は常々考えている。それは，今を遡ること約35年前の話である。中学校卒業時の10段階評価が１から９までの生徒が揃う高校で，私が教えていた時の話である。これほどの学力差は小中学校とほぼ変わらない。当初は教科書や問題集を用いた一斉学習を行っていたが一向に学力の向上は見られず，１年程で止めた。それは，一斉学習の意味を見いだせなかったからである。そこで２年目からは，学力に合わせた問題プリントを数種類用意し，解答方法も生徒に自分の学力に合わせて答えさせた（例えば，単語で答える，文で答える，文章で答えるなど）。また，基礎基本が定着していない生徒を原学級から抜き出し，促進学級として基礎から指導した。その後，学力の向上が見られた場合にのみ原学級に戻すシステムである。まさに，「個別最適な学び」の先駆けであり，アナログの「個別最適な学び」である。これにより，生徒の学力も英語に対する興味関心も向上させることができた。

　加えて，教師の精神的な負担や，生徒自らが積極的に学習に取り組むことによって仕事量も格段に減らすことができた。昨今，授業はアナログからデジタルに移行する時代となり，まさに「個別最適な学び」と「協働的な学び」は教師の仕事量を減らす完治療法にもなり得る。

　是非本書を参考に，児童生徒にも教員にもウィンウィンの授業改革に取り組んでいただきたい。これはコペルニクス的転回である。また，大学等で教員養成を担う先生方にも必読の一冊である。多くの方は，「個別最適な学び」について，未だに一斉授業の中で，教員が机間指導を繰り返し，児童生徒一人一人に支援をすることだと思っている。そうではないことを本書で是非確認いただきたい。

　2023年9月　　　　　　　　　　　　　　　　　　　　　　菅　正隆

本書の特長と構成

本書の特長

　「個別最適な学び」と「協働的な学び」とは，児童生徒の視点での概念である。本書は，この２つの「学び」を，どのように教師の視点から指導を行うかについてまとめたものである。

　特に「個別最適な学び」を成功させるためには，教師側の「個に応じた指導」の際，「指導の個別化」と「学習の個性化」を踏まえて，児童生徒が主体的に，そして積極的に「学び」に向かうよう教員が動線を引くことである。

　ただし，すべての授業が「個別最適な学び」と「協働的な学び」をベースに行わなければならないと思うのは早計である。本書では，様々なアイデアやモデルを示しているが，実際にそれらを100％活用できるとも限らない。単元によっては，「個別最適な学び」が難しいところや，アナログ的な全体での説明や練習が最適な場合もある。一方，ICTだけを活用して「個別最適な学び」で基礎基本的な内容を定着させる場合もある。これは，「協働的な学び」も同様である。対面での言語活動が最も効果的であるといっても，常に固定メンバーでの活動では，相手から引き出す情報も限られてしまう。時には，他クラスや他校の児童生徒とネットでつなげてみるのも興味深い。

　これらのアイデアをどのように授業に利用するかが成功と失敗の分かれ道である。これがいわゆる「教師力」である。目の前の児童生徒に合った指導方法を本書のアイデアから抜き出し，それに加えて様々な指導を創造し，児童生徒の英語力を伸長させる。しかも，英語を好きと感じる児童生徒を生み出す。これが教師の醍醐味である。

　授業は教室で行うが，アイデアは24時間自由に考えることができる。教師は常に学習し，常に遊び，様々な情報を集め，様々な体験を積むことである。このことが日々の授業に反映し，児童生徒を変える出発点になる。

3

本書の構成

①第1〜4章

「個別最適な学び」と「協働的な学び」の実施にあたり，根拠と解説をまとめている。小学校，中学校の校種に関係なく，共有すべきポイントである。

第1章	「個別最適な学び」と「協働的な学び」を徹底解説！

第2〜4章	英語授業における「個別最適な学び」，「協働的な学び」，「個別最適な学び」と「協働的な学び」の一体化の考え方と実際と紹介！

pp.10-11

②第５・６章

　第５章は小学校，第６章は中学校での授業を想定している。しかし，ICT
の使用方法や言語活動の内容及び方法は校種を超えたものもあり，どちらか
らも取捨選択できるよう利用可能な内容としている。

> **第５・６章**　小学校と中学校の授業アイデアを36事例収録！
> 「聞くこと」「読むこと」「話すこと［やり取り］」「話す
> こと［発表］」「書くこと」「技能統合」の事例を詳しく
> 紹介！

pp.62-63

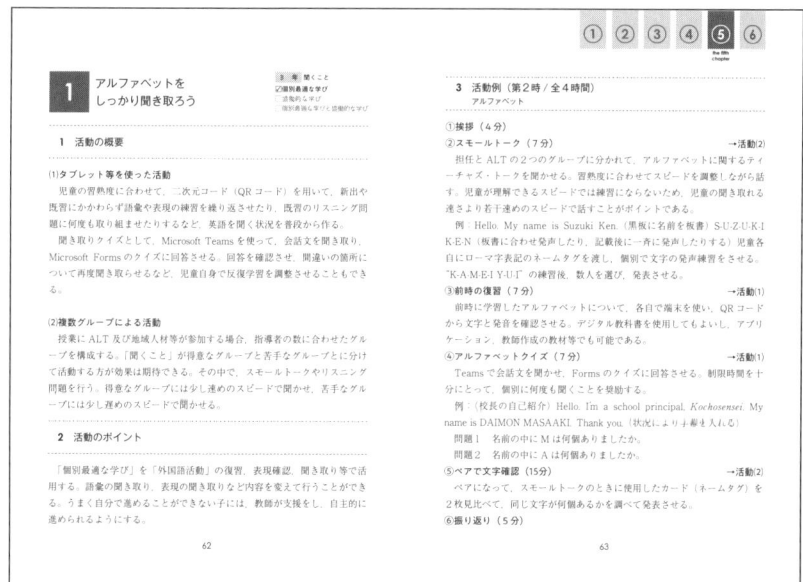

目次

第 ⑤ 章

小学校 「個別最適な学び」と「協働的な学び」を実現する授業アイデア

第 ⑥ 章
中学校 「個別最適な学び」と「協働的な学び」を実現する授業アイデア

第 ① 章

the first chapter

「個別最適な学び」と
「協働的な学び」

育成すべき資質・能力とは

1 育成すべき資質・能力とは何か

　育成すべき資質・能力とは何を指しているのかを紐解いてみる。

　教育の根幹をなす「学校教育法」では，第30条第2項に育成すべき資質・能力について以下のように定めている。

> （前略）生涯にわたり学習する基盤が培われるよう，基礎的な知識及び技能を習得させるとともに，これらを活用して課題を解決するために必要な思考力，判断力，表現力その他の能力をはぐくみ，主体的に学習に取り組む態度を養うことに，特に意を用いなければならない。

　この法令から，学校教育で重視しなければならない三要素（三つの柱）とは，「知識・技能」「思考力・判断力・表現力等」「主体的に学習に取り組む態度」であることが分かる。では，この三つの柱について具体的に説明している文書を見る。これは，平成29（2017）年に告示された学習指導要領に先立つこと1年前の平成28（2016）年12月21日に中央教育審議会から出された『幼稚園，小学校，中学校，高等学校及び特別支援学校の学習指導要領等の改善及び必要な方策等について（答申）』（以下「平成28年答申」）で示されている。簡潔にまとめてみる。

　第5章「2. 資質・能力の三つの柱に基づく教育課程の枠組みの整理」では，まず1つ目に，①「何を理解しているか，何ができるか（生きて働く「知識・技能」の習得）」が示され，「知識」については以下のように書かれている。

> 　各教科等において習得する知識や技能であるが，個別の事実的な知識のみを指すものではなく，それらが相互に関連付けられ，さらに社会の中で生きて働く知識となるものを含むものである。

このことを英語教育に投影してみると，単語をいくつ知っているか，文法事項をいくつ理解しているかをとって「知識」とは言い難いということである。また，技能については以下の記載がある。

　　技能についても同様に，一定の手順や段階を追って身に付く個別の技能のみならず，獲得した個別の技能が自分の経験や他の技能と関連付けられ，変化する状況や課題に応じて主体的に活用できる技能として習熟・熟達していくということが重要である。

　これは，表現やスキットなどを丸暗記できているだけで評価することは，技能の評価としてはふさわしくないことが分かる。

　また，2つ目に，②「理解していること・できることをどう使うか（未知の状況にも対応できる「思考力・判断力・表現力等」の育成）が示されており，以下の記載がある。

　　将来の予測が困難な社会の中でも，未来を切り拓いていくために必要な思考力・判断力・表現力等である。思考・判断・表現の過程には，大きく分類して以下の三つがあると考えられる。
　　・物事の中から問題を見いだし，その問題を定義し解決の方向性を決定し，解決方法を探して計画を立て，結果を予測しながら実行し，振り返って次の問題発見・解決につなげていく過程
　　・精査した情報を基に自分の考えを形成し，文章や発話によって表現したり，目的や場面，状況等に応じて互いの考えを適切に伝え合い，多様な考えを理解したり，集団としての考えを形成したりしていく過程
　　・思いや考えを基に構想し，意味や価値を創造していく過程

　これらから，例えば，単なる教科書本文の日本語訳などは適切でなく，著者の考えを自分なりの表現でまとめて発表したり，意見交換をしたりするなど，インプットからインテイク，そしてアウトプットまでの一連の思考回路を形成することが求められる。

　3つ目として，③「どのように社会・世界と関わり，よりよい人生を送るか（学びを人生や社会に生かそうとする「学びに向かう力・人間性等」の涵

11

養)」では以下のように示されている。

> 前述の①及び②の資質・能力を，どのような方向性で働かせていくかを決定付ける重要な要素であり，以下のような情意や態度等に関わるものが含まれる。こうした情意や態度等を育んでいくためには，体験活動を含め，社会や世界との関わりの中で，学んだことの意義を実感できるような学習活動を充実させていくことが重要となる。
>
> ・主体的に学習に取り組む態度も含めた学びに向かう力や，自己の感情や行動を統制する能力，自らの思考の過程等を客観的に捉える力など，いわゆる「メタ認知」に関するもの。一人一人が幸福な人生を自ら創り出していくためには，情意面や態度面について，自己の感情や行動を統制する力や，よりよい生活や人間関係を自主的に形成する態度等を育むことが求められる。こうした力は，将来における社会的な不適応を予防し保護要因を高め，社会を生き抜く力につながるという観点からも重要である。
>
> ・多様性を尊重する態度と互いのよさを生かして協働する力，持続可能な社会づくりに向けた態度，リーダーシップやチームワーク，感性，優しさや思いやりなど，人間性等に関するもの。

　これらから，英語教育においては，様々な言語活動等の中で，他の児童生徒または教師，ALT などとの関わりから，相手意識をもちながら，主体的な態度や協調性などを身につけていくことが求められている。

2　外国語で育成すべき資質・能力とは何か

　これらの答申を受けて学習指導要領ができあがっている。私の経験上から，学習指導要領を作成する際には，中央教育審議会からの答申を隈なく擦り合わせる作業を施して完成させている。小学校における外国語活動及び外国語，中学校における外国語で育成すべき資質・能力は，次の通りである。目標と同じものではあるが，今一度確認したい。

【外国語活動（小学校）】

外国語によるコミュニケーションにおける見方・考え方を働かせ，外国語による聞くこと，話すことの言語活動を通して，コミュニケーションを図る素地となる資質・能力を次のとおり育成することを目指す。

(1)外国語を通して，言語や文化について体験的に理解を深め，日本語と外国語との音声の違い等に気付くとともに，外国語の音声や基本的な表現に慣れ親しむようにする。

(2)身近で簡単な事柄について，外国語で聞いたり話したりして自分の考えや気持ちなどを伝え合う力の素地を養う。

(3)外国語を通して，言語やその背景にある文化に対する理解を深め，相手に配慮しながら，主体的に外国語を用いてコミュニケーションを図ろうとする態度を養う。

【外国語（小学校）】

外国語によるコミュニケーションにおける見方・考え方を働かせ，外国語による聞くこと，読むこと，話すこと，書くことの言語活動を通して，コミュニケーションを図る基礎となる資質・能力を次のとおり育成することを目指す。

(1)外国語の音声や文字，語彙，表現，文構造，言語の働きなどについて，日本語と外国語との違いに気付き，これらの知識を理解するとともに，読むこと，書くことに慣れ親しみ，聞くこと，読むこと，話すこと，書くことによる実際のコミュニケーションにおいて活用できる基礎的な技能を身に付けるようにする。

(2)コミュニケーションを行う目的や場面，状況などに応じて，身近で簡単な事柄について，聞いたり話したりするとともに，音声で十分に慣れ親しんだ外国語の語彙や基本的な表現を推測しながら読んだり，語順を意識しながら書いたりして，自分の考えや気持ちなどを伝え合うことができる基礎的な力を養う。

(3)外国語の背景にある文化に対する理解を深め，他者に配慮しながら，主体的に外国語を用いてコミュニケーションを図ろうとする態度を養う。

【外国語（中学校）】

外国語によるコミュニケーションにおける見方・考え方を働かせ，外国語による聞くこと，読むこと，話すこと，書くことの言語活動を通して，簡単な情報や考えなどを理解したり表現したり伝え合ったりするコミュニケーションを図る資質・能力を次のとおり育成することを目指す。

(1)外国語の音声や語彙，表現，文法，言語の働きなどを理解するとともに，これらの知識を，聞くこと，読むこと，話すこと，書くことによる実際のコミュニケーションにおいて活用できる技能を身に付けるようにする。

(2)コミュニケーションを行う目的や場面，状況などに応じて，日常的な話題や社会的な話題について，外国語で簡単な情報や考えなどを理解したり，これらを活用して表現したり伝え合ったりすることができる力を養う。

(3)外国語の背景にある文化に対する理解を深め，聞き手，読み手，話し手，書き手に配慮しながら，主体的に外国語を用いてコミュニケーションを図ろうとする態度を養う。

---

3 外国語で育成すべき資質・能力をどのように育てるか

学習指導要領から，小学校と中学校を通して，外国語で育成すべき資質・能力は校種を超えて，一連の流れとなっており，小中連携，小中一貫などの課題は，学習指導要領の目標に従えば，難しいことではない。しかし，小学校と中学校では外国語に対する考え方や環境が異なり，なかなか一筋縄ではいかない面も多々あるのは事実である。そこで，三つの柱「知識・技能」「思考力・判断力・表現力等」「主体的に学習に取り組む態度」を育てるために，小学校から中学校にかけて何が必要かを簡単にまとめてみる。これらを参考に今一度，校内の状況と比べることが必要になる。

・「知識・技能」

　日本語と外国語の様々な違いに気づき，外国語の特性を理解しながら知識としてもち合わせ，それらを様々な状況下でも活用できるようにすること。

　　→そのためには，児童に日本語と外国語との違いについて気づかせる場面を提供したり，外国語の特性について理解させる場面を提供したりすることが求められる。また，中学校では，身につけた知識を様々な状況下で活用させる場面を提供する必要がある。

・「思考力・判断力・表現力等」

　コミュニケーションを行う目的や場面，状況などに応じて，自分の考えや気持ちなどを他の人々と伝え合うことができるようにすること。

　　→そのためには，普段の授業などで，自分の考えや気持ちを躊躇することなく相手に伝えることができるようにする必要がある。場面や状況を判断する力，そして，それに適した表現を選択できる力など，臨機応変さも小学校から育てていく必要がある。コミュニケーション能力は生まれもったものもあるが，経験や鍛錬でかなりの部分で向上させることが可能なのである。

・「主体的に学習に取り組む態度」

　相手意識をもって，主体的にコミュニケーションを図ろうとする情意面や態度面を育てるようにすること。

　　→そのためには，様々な体験活動，言語活動を繰り返しながら，学んだことの意義を実感できるような活動を工夫する必要がある。

　以上から，外国語で育成すべき資質・能力を育てるためのキーワードは，最終的に「活用」であり，それを実践できる「言語活動」「体験活動」が重要である。児童生徒個々がもち得た知識をいかに活用できるレベルにまで高められるか。そのための必要な取組は，児童生徒が知識を「活用」できる状況や場面を設定し，児童生徒が主体的に行う「言語活動」や「体験活動」を繰り返し行わせることが絶対に必要なのである。

2 「個別最適な学び」と「協働的な学び」とは

1 資質・能力の育成に必要なこととは

　令和3（2021）年1月26日に中央教育審議会から出された『「令和の日本型学校教育」の構築を目指して〜全ての子供たちの可能性を引き出す，個別最適な学びと，協働的な学びの実現〜（答申）』（以下「令和3年答申」）には，以下のことが記載されている。

〇今般改訂された学習指導要領では，各教科等の指導を通して育成を目指す資質・能力を「知識及び技能」，「思考力，判断力，表現力等」，「学びに向かう力，人間性等」の3つの柱で再整理しており，この資質・能力の3つの柱は知・徳・体にわたる「生きる力」全体を捉えて，共通する重要な要素を示したものである。このため，学校において児童生徒の学力の確実な定着について検討するに当たっては，この資質・能力の3つの柱をバランスよく育成することが必要である。新学習指導要領（筆者注：現学習指導要領）を着実に実施するに当たっては，GIGAスクール構想により整備されるICT環境を最大限活用し，「個別最適な学び」と「協働的な学び」を充実していくことが重要である。

　以上から，育成すべき資質・能力を向上させるためには，「個別最適な学び」と「協働的な学び」が重要であるとしている。これは，資質・能力の着実な向上のための指導の在り方を明確に示している。

2 「個別最適な学び」とは何か

　上記のことは，「平成28年答申」の中の第8章「4．個に応じた指導」の項の中で示された内容の発展型とも理解できる。そこには，以下の記載があ

16

る（下線部筆者）。

○児童生徒一人一人の可能性を最大限に伸ばし，社会をよりよく生きる資質・能力を育成する観点から，児童生徒の実態に応じた指導方法や指導体制の工夫改善を通じて，<u>個に応じた指導</u>を推進する必要がある。特に，次期学習指導要領（筆者注：現学習指導要領）等では，（中略）一人一人の発達や成長をつなぐ視点で資質・能力を育成していくことが重要であり，学習内容を確実に身に付ける観点から，<u>個に応じた指導</u>を一層重視する必要がある。

○特に，授業が分からないという悩みを抱えた児童生徒への指導に当たっては，個別の学習支援や学習相談を通じて，自分にふさわしい学び方や学習方法を身に付け，主体的に学習を進められるようにすることが重要である。

　これまでの授業では，主に一斉授業が基本であったが，これからはICTなどを活用しながら，児童生徒が個々に自分の苦手なところや分からないところなどを，教師の支援の下，自分のペースで学んでいくことが必要であると論じている。また，児童生徒は教師の指導により自分自身の学習方法を確立しながら，自学自習的に学ぶことも求められている。

　今までの授業スタイルやクラス編成では，例えば，習熟度別クラス編成や，進度別クラス編成，一部の地域で行われていた抜き出し促進クラス（定着度の低い児童生徒を原学級から抜き出して特別に授業を実施すること）などがあった。しかし，ICTの発展，普及により，児童生徒が個人でも学習できる環境が整備されたことから，指導の中で児童生徒一人一人が各自で学ぶ機会を多く設定し，確実に力を向上させることが求められている。

　また，「令和3年答申」には，「平成28年答申」及び学習指導要領を基に，第Ⅰ部「3．2020年代を通じて実現すべき『令和の日本型学校教育』の姿」の「(1)子供の学び」の中で以下のようにまとめられている。

○我が国ではこれまでも，学習指導要領において，子供の興味・関心を生かした自主的，主体的な学習が促されるよう工夫することを求めるなど，

「個に応じた指導」が重視されてきた。

○平成28年答申においては，子供たちの現状を踏まえれば，子供一人一人の興味や関心，発達や学習の課題等を踏まえ，それぞれの個性に応じた学びを引き出し，一人一人の資質・能力を高めていくことが重要であり，各学校が行う進路指導や生活指導，学習指導等についても，子供一人一人の発達を支え，資質・能力を育成するという観点からその意義を捉え直し，充実を図っていくことが必要であるとされている。また，特に新学習指導要領（筆者注：現学習指導要領）では，「個に応じた指導」を一層重視する必要があるとされている。

　具体的に，「個に応じた指導」とはどのような指導なのか。小学校と中学校の学習指導要領の総則を見てみる。「第4　児童（生徒）の発達の支援」の項に以下が示されている（下線部筆者）。

(4)児童（生徒）が，基礎的・基本的な知識及び技能の習得も含め，学習内容を確実に身に付けることができるよう，児童や学校の実態に応じ，個別学習やグループ別学習，繰り返し学習，学習内容の習熟の程度に応じた学習，児童の興味・関心等に応じた課題学習，補充的な学習や発展的な学習などの学習活動を取り入れることや，教師間の協力による指導体制を確保することなど，指導方法や指導体制の工夫改善により，個に応じた指導の充実を図ること。その際，第3の1の(3)に示す情報手段や教材・教具の活用を図ること。

　ここに挙げられている情報手段や教材・教具とはどのようなものを指すのか。これは，同じ学習指導要領に，コンピュータや情報通信ネットワークなどの情報手段を活用した学習活動の充実を図ることが求められ，また，各種の統計資料や新聞，視聴覚教材や教育機器などの教材・教具の適切な活用も求められていることから判断できる。

　このように「個に応じた指導」にとって，必携のアイテムとしてパソコンなどのICT機器が挙げられている。従来の教科書やノート，鉛筆では，児童生徒の興味関心を引きつけられないことは，教師は重々体験済みである。

　指導方法も，GIGAスクール構想から大きく変化したとの認識で間違いはないだろう。このことは，「令和3年答申」に，次のように示されている。

○現在，GIGAスクール構想により学校のICT環境が急速に整備されており，今後はこの新たなICT環境を活用するとともに，少人数によるきめ細かな指導体制の整備を進め，「個に応じた指導」を充実していくことが重要である。

　では，「個に応じた指導」と「個別最適な学び」との関係はどのようなものなのか。この件についても，「令和3年答申」に詳しく記載されている。ここからが「個別最適な学び」の真髄である（太字強調は筆者）。

○全ての子供に基礎的・基本的な知識・技能を確実に習得させ，思考力・判断力・表現力等や，自ら学習を調整しながら粘り強く学習に取り組む態度等を育成するためには，教師が支援の必要な子供により重点的な指導を行うことなどで効果的な指導を実現することや，子供一人一人の特性や学習進度，学習到達度等に応じ，指導方法・教材や学習時間等の柔軟な提供・設定を行うことなどの**「指導の個別化」**が必要である。

○基礎的・基本的な知識・技能等や，言語能力，情報活用能力，問題発見・解決能力等の学習の基盤となる資質・能力等を土台として，幼児期からの様々な場を通じての体験活動から得た子供の興味・関心・キャリア形成の方向性等に応じ，探究において課題の設定，情報の収集，整理・分析，まとめ・表現を行う等，教師が子供一人一人に応じた学習活動や学習課題に取り組む機会を提供することで，子供自身が学習が最適となるよう調整する**「学習の個性化」**も必要である。

○以上の「指導の個別化」と「学習の個性化」を教師視点から整理した概念が「個に応じた指導」であり，この「個に応じた指導」を学習者視点から整理した概念が「個別最適な学び」である。

　これらをまとめると以下のようになる。
○教師側からみた指導の在り方：児童生徒を個別に指導する際のポイント
・すべての児童生徒に基礎的・基本的な知識・技能を確実に習得させる。

・児童生徒が自ら学習を調整しながら粘り強く学習に取り組む態度等を育成する。

・支援の必要な児童生徒により重点的な指導を行う。

・児童生徒一人一人の特性や学習進度，学習到達度等を可視化して知る。

・児童生徒に合った指導方法・教材や学習時間の柔軟な提供・設定を行う。

・児童生徒の興味・関心・キャリア形成の方向性を知る。

・児童生徒一人一人に応じた学習活動や学習課題に取り組む機会を与える。

〇児童生徒からみた学習の在り方：個別に学ぶ際のポイント

・基礎的・基本的な知識・技能を確実に習得する。

・思考力・判断力・表現力等や自ら学習を調整しながら粘り強く学習に取り組む。

・学習進度，学習到達度等に応じ，教師からの指導方法・教材や学習時間の柔軟な提供・設定を受ける。

・探究において課題の設定，情報の収集，整理・分析，まとめ・表現を行う。

・自分に適した学習方法を模索しながら確立する。

　さらに，教師の指導の在り方について集約すると以下のようになる。

　教師は児童生徒それぞれの特性や能力，つまずき等を知り，それらに合わせたきめ細やかな支援や指導を行うとともに，児童生徒が自ら自分に合った学習方法を身につけることができるように導いていく。これらは，学校教育における基盤的なツールとしての ICT の活用によって広く可能となる。

----

3 「協働的な学び」とは何か

　「令和３年答申」には「協働的な学び」について以下のようにある。

〇（前略）これまでも「日本型学校教育」において重視されてきた，探究的な学習や体験活動などを通じ，子供同士で，あるいは地域の方々をはじめ多様な他者と協働しながら，あらゆる他者を価値のある存在として

尊重し，様々な社会的な変化を乗り越え，持続可能な社会の創り手となることができるよう，必要な資質・能力を育成する「協働的な学び」を充実することも重要である。

「協働的な学び」とは，外国語教育にとってはキモともいえる指導方法である。従来からペア活動，グループ活動は日常的に行われ，小学校においてもパターン化しており，児童は抵抗なく受け入れているのが現状である。また，中学校においても，様々なパフォーマンス活動は個人やグループで行う場合が多く，他の生徒から学ぶことは多い。しかし，時には，グループの中で孤立する児童生徒がいたり，活動に積極的に関わらない場合もある。このことについても，「令和3年答申」に記載が見られる。

○「協働的な学び」においては，集団の中で個が埋没してしまうことがないよう，「主体的・対話的で深い学び」の実現に向けた授業改善につなげ，子供一人一人のよい点や可能性を生かすことで，異なる考え方が組み合わさり，よりよい学びを生み出していくようにすることが大切である。「協働的な学び」において，同じ空間で時間を共にすることで，お互いの感性や考え方等に触れ刺激し合うことの重要性について改めて認識する必要がある。人間同士のリアルな関係づくりは社会を形成していく上で不可欠であり，知・徳・体を一体化に育むためには，教師と子供の関わり合いや子供同士の関わり合い，自分の感覚や行為を通して理解する実習・実験，地域社会での体験活動，専門家との交流など，様々な場面でリアルな体験を通じて学ぶことの重要性が，AI技術が高度に発達するSociety5.0時代にこそ一層高まるものである。

外国語の授業では，小学生と中学生の交流など異年齢での交流も数多く目にする。また，他の国の児童生徒とライブで交流することも数多く行われている。これらは，ICTの発展があればこそである。このことについても，「令和3年答申」に書かれている。

○（前略）「協働的な学び」は，同一学年・学級はもとより，異学年間の学びや他の学校の子供との学び合いなども含むものである。知・徳・体を

21

一体で育む「日本型学校教育」のよさを生かし，学校行事や児童会（生徒会）活動等を含め学校における様々な活動の中で異学年間の交流の機会を充実することで，子供が自らのこれまでの成長を振り返り，将来への展望を培うとともに，自己肯定感を育むなどの取組も大切である。

○さらに，ICT の活用により，子供一人一人が自分のペースを大事にしながら共同で作成・編集等を行う活動や，多様な意見を共有しつつ合意形成を図る活動など，「協働的な学び」もまた発展させることができる。ICT を利用して空間的・時間的制約を緩和することによって，遠隔地の専門家とつないだ授業や他の学校・地域や海外との交流など，今までできなかった学習活動も可能となることから，その新たな可能性を「主体的・対話的で深い学び」の実現に向けた授業改善に生かしていくことが求められる。

「協働的な学び」で他の人々から何を学ぶか。相手の気持ちや考えを聞いて，自分自身との差異に気づき，それを生じさせる根本的な思考や回路を知り，自分自身の考えをブラッシュアップしていく。そこに必要なものは意思疎通としてのコミュニケーションである。外国語教育の目的は外国語を通してコミュニケーションを図ることに軸が置かれている。まさに，「協働的な学び」が外国語教育の大切な一面でもある。

---

4 「個別最適な学び」と「協働的な学び」の一体化とは何か

授業の中で，「個別最適な学び」と「協働的な学び」とをどのように組み立てるか。これらは行きつ戻りつスパイラルに指導を組み立てていくことが最も効果が期待できる。このことも「令和3年答申」に示されている。

○学校における授業づくりに当たっては，「個別最適な学び」と「協働的な学び」の要素が組み合わさって実現されていくことが多いと考えられる。各学校においては，教科等の特質に応じ，地域・学校や児童生徒の実情を踏まえながら，授業の中で「個別最適な学び」の成果を「協働的な学

び」に生かし，更にその成果を「個別最適な学び」に還元するなど，「個別最適な学び」と「協働的な学び」を一体化に充実し，「主体的・対話的で深い学び」の実現に向けた授業改善につなげていくことが必要である。

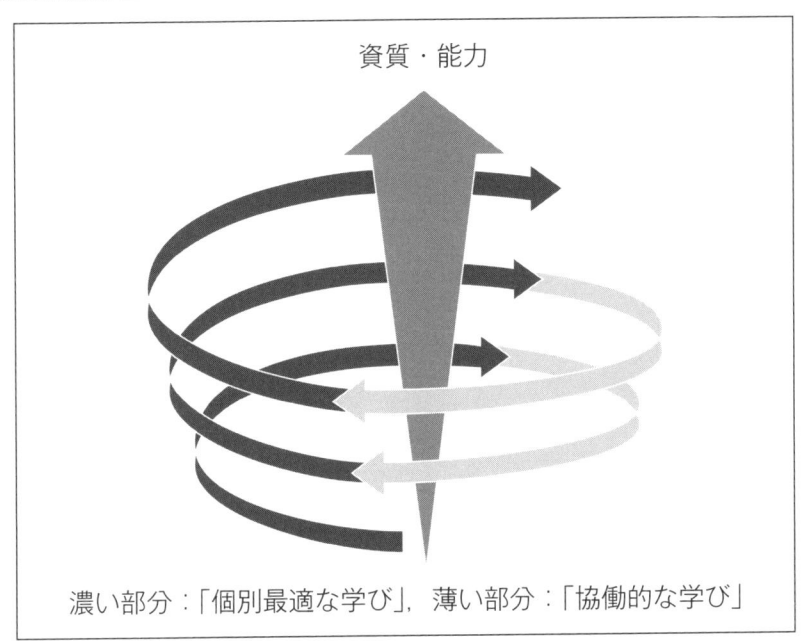

濃い部分：「個別最適な学び」，薄い部分：「協働的な学び」

【「個別最適な学び」と「協働的な学び」の図式化】

　図で示した通り，常に「個別最適な学び」で基礎的・基本的な知識や技能を身につけられたとしても，それが実際に社会で活用できなければ意味がない。現在の多くの成人した人々が，英語の単語や文法事項を知っていても，英語での会話や交渉，資料作成などを苦手とするのは，その知識や技能を「協働的な学び」で，活用できるように指導されてこなかったことによる。ましてや，高校入試や大学入試が知識偏重型の問題ばかりだったことが原因である。これからの子供たちに我々のような轍を踏ませてはいけない。

第 ② 章

the second chapter

「個別最適な学び」を
実現する
英語授業のポイント

1 英語における「個別最適な学び」の考え方

1 「個別最適な学び」の前に

　教師の「個に応じた指導」を考える前に，最も大切なことは，児童生徒一人一人の資質や能力がそれぞれ異なっていることを再認識することである。このことは誰でも認識しているのに，今までの学校教育においては，クラス全体での一斉授業が基本で，学力の高い児童生徒も低い児童生徒も同じ教室で同じ内容を学ぶ方法をとってきた。教師は指導をどこのレベルに合わせて行うか四苦八苦してきた。難しい内容を教えたのでは理解できない児童生徒が多くなる。反対に，簡単な内容では，学力の高い児童生徒は授業に真面目に参加しなくなるなどの弊害が当然のこととして起こる。その結果，保護者は塾や予備校に学力の保障を期待するダブルスタンダードが容認されてきた。これでは，本来の義務教育とは名ばかりのものである。

　そこに現れたのが，GIGA スクール構想や新型コロナウイルス感染症拡大にともなう ICT 活用の推奨である。これにより，「個別最適な学び」が可能になる環境が整えられたといっても過言ではない。

　しかし，すぐに「個に応じた指導」が可能という訳でもない。児童生徒のみならず保護者にとって，他の児童生徒と比較されることを好まない場合や，様々な分野（例えば，アルファベットの文字が正しく書けないなど）で課題がある場合には，その課題となる領域や内容を「できないこと」と明確に表明されることに対して嫌悪感を抱くことがある。これでは，「個別最適な学び」などそもそも成立しない。これは越えなければならないハードルである。「個別最適な学び」を成功させるためには，そもそも，児童生徒に疎外感や劣等感を抱かせてはいけないのである。

　そこで必要なことは，児童生徒の学力の多様性を認め，それをすべての児

童生徒，保護者に許容させることである。そして，「個に応じた指導」によって，多様な児童生徒を誰一人取り残すことなく育てることの重要性を，児童生徒のみならず保護者にも理解させることが大切なのである。時には，学力とは何かについて説明することも必要になろう。児童生徒は自分自身の課題やつまずきを知り，それを克服することの重要性と，克服した次の段階ではどのようなことができるようになるのかを説明する必要もある。

　ある小学校を訪問した時のことである。校長に「『個別最適な学び』は進んでいますか」と尋ねたところ，「業者テストを取り入れているので，みんな同じ到達目標になっていて，『個別最適な学び』はできていない」と答えた。確かに「業者テストありき」では，多様な指導をすることは難しいと考える向きもあるが，はたしてそうだろうか。これはカリキュラム・マネジメントの話である。業者テストや教科書の指導書に頼ってばかりいては，児童生徒の多様性を無視した従来の指導方法となんら変わらないのである。その結果，学校の授業では学力向上など期待できない児童生徒が多くなり，学校の授業で飽き足らない保護者は塾や予備校に駆け込む。まさに負のスパイラルとなる。

　業者テストを到達目標にするのであれば，そのテストを分析して，それに合致した指導の流れを構築し，児童生徒の状況に合わせたカリキュラムを編成することである。その際，誰一人取り残すことなく，「個別最適な学び」を随所に取り入れる工夫が必要になる。これが，カリキュラム・マネジメントの価値である。

2 「個別最適な学び」における情報の重要性

　「個別最適な学び」を実現するには，児童生徒個々の状況や学習歴について把握する必要がある。英語においては「聞くこと」「読むこと」「話すこと[やり取り]」「話すこと［発表]」「書くこと」の領域別に考え，例えば，「読むこと」においては，音読ではどのレベルでつまずいているのか，読解では

どのレベルで理解できなくなっているのかなど，それぞれの段階で把握することで，「個別最適な学び」に結びつけることができる。その判断基準は，授業での見取り，ドリル学習，調べ学習，小テスト，定期考査，聞き取りなど様々考えられる。これらの情報から，教師が児童生徒に合致した課題を提示したり，児童生徒が苦手とする箇所について気づかせたりしながら，自ら学習させることである。

3 英語における「個別最適な学び」の延長線上にあるもの

例えば，中学校1年生でbe動詞（am, are, is）について，ICTなどを活用した「個別最適な学び」によって，それぞれの課題と進度に合わせて学んだとする。当然，全体的な最終目標は「be動詞を理解し活用できる」とした場合，生徒一人一人のbe動詞の理解度は様々である。30人いれば30レベルである。それを生徒自身で確認したり，教師が課題を提供したりすると，ある程度理解は進むが，全員が最終目標にまで到達することは不可能に近い。「個別最適な学び」を何度も繰り返しながら向上を図るのも一考ではあるが，「個別最適な学び」と「協働的な学び」とを有機的に結び，ハイブリッドな学びとした体験的活動も組み入れると効果が期待できる。これもカリキュラム・マネジメントである。

4 英語における「個別最適な学び」の考え方

「英語」の教科では，そもそも児童生徒が一人で教科書を読んだり，一人で英語を聞いて理解したり，英語を話したり，英語を書いたりする練習はそう簡単なことではない。前にも記したように，英語はコミュニケーションスキルの向上を図るものである。人と人とが対面で話をする場面はアナログの世界である。教室でスキットの練習をする際，隣の席の友達と話をするのが最も効果的で効率がよい。まさにこれはアナログの世界であり，実生活でも

同様である。このスキットを仮に個人で練習したとしても，表現の練習には
なるが，相手との間合いやノンバーバルな面の練習にはならない。このよう
に，英語は他の教科と比べて，「個別最適な学び」の内容に特殊性がある。
そこで，英語の「個別最適な学び」の在り方の主な例を領域別に考えてみる。

① 「聞くこと」
・ICT を活用して，音声を聞き取る活動
・ICT を活用して，話されている内容を理解する活動
・ICT を活用して，話されている語句や表現を聞いて正しい発音の練習を
　する活動（「話すこと」との統合）　など

② 「読むこと」
・ICT を活用して，語彙や表現，文や文章を音読する活動
・ICT を活用して，文や文章を読解する活動
・教科書やテキストを活用しながら，音読する活動
・教科書やテキストを活用しながら，読解する活動　など

③ 「話すこと［やり取り］」
・ICT を活用した，ランダムなペア活動
・ICT を活用した，ランダムなグループ活動
・ペア，グループでの会話練習　など

④ 「話すこと［発表］」
・ICT を活用した，個別，ペア，グループでの発表練習
・ICT を活用した，個別発表の提出
・個別，ペア，グループでの発表練習
・個別の発表　など

⑤ 「書くこと」
・ICT を活用した，文字や単語をなぞる練習
・ICT を活用した，書く練習
・ノートとペンで文字や単語をなぞる練習
・ノートとペンで書く練習　など

2 「個別最適な学び」の具体例

1 「個別最適な学び」の具体例の前に

　先に，「個別最適な学び」において，英語の教科は特殊であると述べた。つまり，英語という母語以外の言語をツールとして聞いたり，読んだり，話したり，書いたりしなければならない。これが日本語であれば，聞いたり，読んだりすればある程度は内容を理解することができる。しかし，英語ではそうはいかない。そもそも，何が言われ，何が書かれているのかが分からない。そこで，教師は，学習当初は躾の意味で，学ぶ方法やポイントを懇切丁寧に説明し理解させなければならない。学ぶ方法がある程度身につくと，児童生徒にとってはルーティーンとなり，悩むことなく学びを繰り返すことができる。そこまで，どのように育てていくか。理解度に問題のある児童生徒もいることから，児童生徒に合わせた説明や支援を怠ってはいけない。この点はICTの使い方においても同様である。

2 「個別最適な学び」では，ツールとして何を利用すると効果が高いか

　「個別最適な学び」では，常にICTを使用すればよいという訳ではない。児童生徒の状況，効果効率を考えれば，ICT活用ばかりではない。特に，「書くこと」においては，プリントなどのアナログの教材も効果的である。しかし，教員側の負担を考えればICTを活用する方が便利な場合がある。何事もバランスである。ICTの呪縛から「ICTを使えば学力が上がる」などの妄想で児童生徒が見えなくなり，身勝手な方法によって，児童生徒に基礎的・基本的な知識や技能さえ確実に習得させられない場合もある。これでは本末転倒で，「個に応じた指導」などとはいえない。

3 5領域の「個別最適な学び」の具体例

(1)「聞くこと」

「聞くこと」においては，元となる音源が必要になる。音源となるものは，担任やALTが読んだり話したりするものと，デジタル教科書などのデジタル音源が考えられる。特に「個別最適な学び」として「聞くこと」に特化する場合には，デジタル音源を使って，コンピュータやタブレットを利用することが効果的である。特に，「聞くこと」を苦手とする児童生徒にとっては，聞き取れなかった箇所を何度も聞き返したり，発音の確認をしたりするなどが容易である。以下に，具体例を示す。

①教科書やテキストを利用：デジタルコンテンツの活用等

教科書やテキストにはQRコードがあり，これを使って音声を聞かせたり，動画を視聴しながら会話などの音声を聞かせたりする。児童生徒の状況に合わせて十分に時間を確保したり，できたところまでを範囲としたりするなど，個別に到達目標をもたせる。もちろん，学習当初は教師が指示を出しても構わない。また，家庭学習にすることも可能である。

②教師作成教材の利用：GarageBand, Microsoft Forms 等

音声に特化した語彙や表現，スキットなどに関するクイズや問題を作成し，Google Classroom等のプラットフォームを通じて，児童生徒に自分のリズムに合わせて繰り返し確認しながら回答させる。提出の際には，Google Classroomの利用や，ワークシートの利用も考えられる。

③市販の教材アプリを利用

市販のアプリケーションを利用して，児童生徒に自分の課題解決のために利用させる。教師は効果を考えながら，児童生徒の現状と合わせながら課題を提示する。回答時間に幅をもたせるなど，問題の数もまちまちで構わない。また，間違えた箇所を繰り返し聞かせるなどの方策を提示することが大事である。

(2)「読むこと」

　「読むこと」においては，音読と読解とに分類して指導することがポイントである。英文内容を理解できない限り音読の意味がないという教師もいれば，音読ありきで指導する教師もいる。どちらが先かは考え方一つである。どちらも利があり，どちらの方法をとっても無駄ではない。

①**教科書やテキストの利用：デジタルコンテンツの活用等**

　「聞くこと」と同様に，QR コードを利用して，教科書本文の音読練習をさせる。その際，モデルの音声を真似させることがポイントである。自分勝手な発音やイントネーションにならないように注意して，個別に練習させる。

②**教師作成教材の利用：Microsoft Word, Microsoft PowerPoint 等の文書アプリ**

　「読むこと」において，読解を中心に置く場合，英語の表現，文や文章を児童生徒の状況に合わせて，個人別や理解度別にデータを配信し，書かれた内容を把握させる。くれぐれも逐語訳にならないように配慮し，どのようなことが書かれているのか，概要や筆者の伝えたいことのポイントなどを択一の問題とするなどの工夫をする。児童生徒の能力に合わせた問題を配信するが，問題ができたところで次の問題に取りかかるなど，いわゆる公文式的個別学習と考えることもできる。

(3)「話すこと［やり取り］」

　「話すこと［やり取り］」においては，ICT などのデジタル機器を活用するより，アナログでの様々な活動の方が効果は大きい。もちろん，インターラクション用の様々なアプリケーションは存在するが，目の前に模範となる友達や教師がたくさんいるので，それを活用させない手はない。せいぜい(2)「読むこと」の①に挙げたように，やり取りの表現を QR コードを使って音読練習を積み重ねさせることは可能である。また，ALT が話す映像を配信して，それに合わせてやり取りの練習をすることもできる。この領域においては，「個別最適な学び」以上に，「協働的な学び」の方が効果を発揮することは，明白なことである。

⑷「話すこと［発表］」

　「話すこと［発表］」においては，「個別最適な学び」が効果を発揮する場面が数多く考えられる。特にICTを活用する方法には様々考えられる。

①発表の原稿作成：Google スライド, Microsoft PowerPoint, Microsoft Sway 等

　スピーチやショー・アンド・テル，プレゼンテーション，スキットなどパフォーマンス活動では，発表原稿を作成する段階でペンとノートによるアナログ的な準備も考えられるが，ICTを活用して，教師側が確認したり，提出をスムーズにさせたりすると効率がよい。

②発表練習：カメラ，ボイスメモ等

　発表練習では，児童生徒にカメラで録画させながら練習させることができる。もちろん，ワークシートを読みながら行う段階から，徐々に聞き手を意識しながら，個々で練習させる。初めは恥ずかしがる児童生徒も多いが，聞き手はどのように見えているかを考えながら，相手意識をもって練習させると，技能の向上も図ることができる。

⑸「書くこと」

　「書くこと」については，５つの領域の中で最もハードルの高いものである。特に，英語を苦手とする児童生徒にとってはこの領域を忌み嫌うことさえある。ここを乗り越えさせるためには，無理をせず，児童生徒の状況から少しずつ目標を上げていくことである。

①少しずつ書かせる：Microsoft Word, Microsoft PowerPoint 等の文書アプリ

　本来，「書くこと」に対する情意フィルターを下げるには，毎時間ペンで紙に書かせ，「書くこと」に慣れさせ，習慣づけることが大切である。しかし，時代はデジタルである。習慣づいていない場合には，Google Classroom などで少しずつ書かせていくことである。

②遊び感覚で書く：Papago, DeepL, Microsoft Word, ChatGPT 等

　英文を書かせ，校閲を機器に任せる。教師の添削の手間が省けるとともに，正しい英文を確認させ，再度書かせることによって定着を図る。

3 「個別最適な学び」の学習評価の在り方

1 学習評価の考え方

　「個別最適な学び」での学習評価においては，「指導の個別化」にある「全ての子供に基礎的・基本的な知識・技能を確実に習得させ，思考力・判断力・表現力等や，自ら学習を調整しながら粘り強く学習に取り組む態度等を育成する」ことから，児童生徒自身は基礎的・基本的な知識・技能を確実に習得し，思考力・判断力・表現力等や自ら学習を調整しながら粘り強く学習に取り組む態度等を身につけることが求められる。一方，教師側は「個に応じた指導」として，基礎的・基本的な事項を定着させ，学びへの意識的な側面を確実に身につけさせることである。したがって，評価においては，例えばアルファベットの理解や基礎的な表現の理解及び活用，文法事項の基礎的な理解などの定着度を評価するとともに，粘り強く習得するために頑張りぬく努力や工夫を評価することになる。そして，すべての児童生徒が観点別評価にａがつくように支援しなければならない。

2 学習評価の在り方

　アルファベットの理解と be 動詞の理解とを例に考えてみる。各単元での観点別評価として，アルファベットの理解と be 動詞の理解とを「個別最適な学び」で取り上げるとする。2つの事柄は，まさに基礎的・基本的な知識であり技能である。この知識や技能を習得するために，児童生徒は意思をもって自ら学び理解できたとする。習得できれば，知識・技能はａ，主体的に学習に取り組む態度もａとなる。しかし，粘り強く頑張ったとしても，知識や技能が習得されないのであれば，努力は「個人内評価」の領域となる。

　「個別最適な学び」では，誰もが習得しなければならない知識・技能や，必要とされる思考力・判断力・表現力を育てるためのものであり，高度なことや応用的な内容は避けるべきである。

3　具体的な学習評価

　理想は，クラス全員が「個別最適な学び」によって，児童生徒の観点別評価がオールaになることである。そのために，基礎的・基本的な事柄については確実な定着を図るために，「個別最適な学び」が活用されるのである。例えば，5領域における評価可能な項目について考えてみる。

①「聞くこと」
・話されている内容の理解，語句，表現の理解
・やり取りの理解，文，文章の理解

②「読むこと」
・文字の音読，語句，表現の音読
・文，文章の音読
・語句，表現の意味理解
・文，文章の読解

③「話すこと［やり取り］」
・適切な表現理解
・適切な表現活用

④「話すこと［発表］」
・十分な準備，発表原稿の適切さ
・聞き手に伝わる発表
・発表の適切さ

⑤「書くこと」
・文字の正確さ，綴りの正確さ
・十分な準備，内容の適切さ，正確さ

・自分の意見や感想の適切さ

などが考えられる。これらを組み立てるには，カリキュラム・マネジメントが重要である。常に「指導と評価の一体化」と「誰一人取り残すことなく育てることの重要性」を基に評価を行い，全員がaとなるように，そして，誰もが笑顔になるような評価にする仕掛けを考える必要がある。

4 具体的な評価方法

「個別最適な学び」について評価する場合，評価の方法としては2パターン考えられる。

① ICT を活用した方法

・ICT を活用して，教師とのやり取りや教科書本文の音読などを実際にやらせてみる。

・ICT を活用して，様々なインターラクションを通して，教師の質問に対して適切な回答をしているか判断する。

・ICT を活用して，作成した英文ややり取りのシナリオなどのデータを提出させる。

・ICT を活用して，教師作成のクイズやチェックシート，小テスト等に解答させて回収する。

②対面での方法

・児童生徒と対面して，単語を発音させたり，教科書を音読させたりして，やり取りを実際にやってみる。

・教師が作成した基礎的・基本的内容が定着しているかを判断するシートに解答させる。

・児童生徒のワークシートを提出させて確認する。

・児童生徒と対面して，「個別最適な学び」で学んだ内容について，児童生徒が立てた目標をクリアしているか判断する。

第 ③ 章

the third chapter

「協働的な学び」を
実現する
英語授業のポイント

1 英語における「協働的な学び」の考え方

1 「協働的な学び」の前に

　英語の教科にとって，アクティブ・ラーニングの視点，いわゆる「主体的・対話的で深い学び」の考え方は，従来からコミュニケーションスキルの向上を目指す教科にとっては，特に真新しいものでもなかった。かつては，座学の授業が主流で，教師が一方的に文法事項などを教える知識注入型の授業が中心だった。しかし，時代は変わった。今では，ペアやグループでの活動を中心として，パフォーマンス活動を評価の中心に据える学校も出てきた。しかし，未だ文法中心，訳読中心の授業は塾や予備校を中心に，いくつかの学校でも見られる。「英語は文法だ！」「訳読は大切だ！」などと，まるで明治時代からの英語教育の因習を引きずっている場合も見受けられる。入試等も変わり，このような人が孤立無援の状態にならないことを願う。

　さて，「対話的な学び」による授業改善については，小学校及び中学校の学習指導要領解説総則編に次のようにある。

> 子供同士の協働，教職員や地域の人との対話，先哲の考え方を手掛かりに考えること等を通じ，自己の考えを広げ深める「対話的な学び」が実現できているかという視点。

　この考え方は，児童生徒がそれぞれの気持ちや考え，時には英語の語彙や表現などを他の人とのインターラクション（やり取り）から学び取るものである。かつて私も教職にあった当時，教科書の音読はペアでやらせていた。相手の音読を聞いてよいところを真似し，間違っているところを指摘する。これは，よりよい人間関係を構築させるためと，互いにブラッシュアップさせるための手法である。これは効果絶大で，以後，クラス全体でのコーラス・リーディングはやめた。このように，英語では，教師から学ぶことと同

様に，他の児童生徒から学ぶことが多いのも教科の特徴でもある。また，グ
ループでの活動では，様々な考え方に触れることができる。例えば，グルー
プで以下の話をしたとする。（　）内は聞いている児童生徒の心の声を想定。

・What food do you like? ― ・I like sushi.（一緒だ！）
　　　　　　　　　　　　・I like spaghetti.（カルボナーラなら好き）
　　　　　　　　　　　　・I like *ramen*.（豚骨が好き）

・What time do you go to bed?　― ・I go to bed at eleven.（同じだ）
　　　　　　　　　　　　　　・I go to bed at nine.（はや～）
　　　　　　　　　　　　　　・I go to bed at one.（え！　1時？）

などと，グループ内の児童生徒の生活が見えたり，何度も聞いたりして徐々
に使える表現として定着していく。

2 「対話的な学び」と「協働的な学び」の違い

　「対話的な学び」と「協働的な学び」とはどう異なるのか。一見同義にも
受け取れるが，「対話的な学び」は，相手との対話から様々な学びに結びつ
くことに焦点が置かれている。生まれ育った環境も，考え方や趣味趣向も異
なる相手と様々な言葉を通して関わり合いながら，相手との理解を深め，自
分の気持ちや意見を伝えながら自分の存在を認めてもらう。相手にとっては，
自分自身も学びを提供する存在となる。これは，将来，社会で生きていく上
で基礎的・基本的なことで，まさにクラスはその社会の縮図，小さな社会と
いっても過言ではない。そのための練習，訓練ともいえる。一方，「協働的
な学び」は，対話を通して，児童生徒同士で協働しながら，何かを創り上げ
ていく学びと受け取れる。例えば，ICT を活用して，共同でプレゼンテー
ションの発表原稿を作成したり，PowerPoint の画面や動画を編集したりす
る。また，グループであるテーマについて話し合い，グループの意見をまと
めるために合意形成を図ることが考えられる。ただし，英語教育においては，
使用言語を英語とする点で，日本語と同じような深遠な内容にまで踏み込む

39

ことは難しいことから，常に内容と言葉とのバランスが課題となってくる。

3　英語における「協働的な学び」で注意すべき点

　第1章②3「『協働的な学び』とは何か」（p.20）では，「令和3年答申」の「『協働的な学び』においては，集団の中で個が埋没してしまうことがないよう，『主体的・対話的で深い学び』の実現に向けた授業改善につなげ，子供一人一人のよい点や可能性を生かすことで，異なる考え方が組み合わさり，よりよい学びを生み出していくようにすることが大切である（下線：筆者）」を提示した。下線部はすこぶるもっともなことだが，指導者である教師と，実際にグループ等で協働的な活動をする児童生徒とでは立場が異なる。下線部を実行するためには，教師は十分な時間をとって，児童生徒に学び方について理解させるとともに躾けていく必要がある。そのためには，次のことが重要になる。教師は，児童生徒を①〜④ができるように育てていく必要がある。

①グループでの活動では，メンバー全員が役割を担う（英語の得手不得手を考慮しながらも，できるだけ児童生徒間で決めさせる）。

②役割は固定せず，授業ごと，活動ごとにローテーションするなど，満遍なく役割をこなすようにする。

③役割に戸惑う児童生徒がいる場合には，グループで教え合い，学び合う状況を作る。

④学力の高い児童生徒が一人でマネジメントし，一人で発表することなどがないように，グループ内でのチェック体制を構築する。

⑤教師は，①〜④が滞りなく行われているかを確認し，状況によっては支援をする。

4　英語における「協働的な学び」の考え方

　「英語」の教科では，個でできる部分と複でできる部分とが異なる。コミュニケーションを取り扱う教科であることから，2人の方が効果的である場合や，多人数で行うことの方が効率も効果も高い場合がある。そして，ICTを利用するとさらに効果が上がる場合もある。そこで，英語の「協働的な学び」について領域別に考えてみる。

① 「聞くこと」
・ICTを活用して，全体でライブの話を聞き取る活動
・ICTを活用して，話された内容について共通理解を図る活動
・児童生徒の発表や読み聞かせを全体で聞く活動　など

② 「読むこと」
・ICTを活用して，読み合わせをする活動
・ICTを活用して，読み聞かせをする活動
・ペアやグループで読み合わせをする活動
・クラス全体で読み聞かせをする活動　など

③ 「話すこと［やり取り］」
・ICTを活用した，異学年間の交流活動
・ICTを活用した，他の学校と交流する活動
・ICTを活用した，海外の学校等と交流する活動
・グループでのディスカッション　など

④ 「話すこと［発表］」
・ICTを活用して，プレゼンテーションのスライド画面を作成する活動
・ICTを活用して，プレゼンテーションの原稿を作る活動
・グループでの発表練習（スピーチ，演劇，スキット等）
・グループでの発表（スピーチ，演劇，スキット等）　など

⑤ 「書くこと」
・ICTを活用して，テーマに沿ってレポートにまとめる活動
・ペアやグループで発表の原稿を作る活動
・様々な作文の内容を交流する活動　など

2 「協働的な学び」の具体例

1 「協働的な学び」の具体例の前に

　授業において，「協働的な学び」を取り入れる場合には，計画性をもって実施することが必要になる。「協働的な学び」はそれ相応の効果が期待できる反面，効果よりもリスクや無駄な時間となることも考えられる。そこで取り組む前に，カリキュラム・マネジメントとして以下の点に注意を払うことが大切である。

①何について取り組ませるのか

　様々な表現の定着を図るための体験的な活動やグループでの発表を想定した準備，スキットやプレゼンテーション，劇の発表などが考えられる。

②どこ（どの場面）で取り組ませるのか

　語彙や表現，文法事項など基礎的・基本的な内容について，「個別最適な学び」で習得した後に実施することなどが考えられる。

③どのように取り組ませるのか

　ペアやグループ，クラス全体など，取り組む内容ごとに最も効率的で効果的な人数，状況について考慮する。

④どの領域の向上を図るのか

　4技能5領域のどの技能，どの領域の向上を図るのかを十分に想定してから取り組む。

2 「協働的な学び」での適正人数とは

　「令和3年答申」にあるように，「集団の中で個が埋没してしまうことがないよう」にすることは基本である。文部科学省から「主体的・対話的で深い

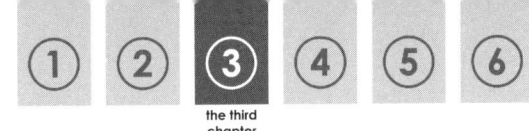

学び」が提示されるやいなや，多くの学校では，グループ活動が頻繁に行われるようになった。しかし，よく見ると，3～5人のグループの中で最も学力の高い児童生徒がグループを仕切り（マウントをとり），他は何もしない状態が続く。これでは活動の意味がない。効果をあげるためには，先の「3 英語における『協働的な学び』で注意すべき点」（p.40）を参考にすべきである。また，学びの適正人数と活動との関係はどうすべきか，以下に示す。

①ペア（2人）の場合

会話やスキットは2人が基本である。語彙や表現の定着，難度もそれほど高くない内容について話し合う場合も2人が効果的である。スキット（やり取り）を創って発表する場合にも2人が適切である。2人でのスキットと3人以上のスキットとでは，後者の方が複雑になり難易度が急激に増す。知的年齢やクラスの状況に合わせて人数を考えていくことである。

②小グループ（3～5人）の場合

様々な活動の中でも発表を伴う活動（プレゼンテーション，ポスターセッション，ディスカッションなど）や知的な体験活動（ゲーム的要素のあるチーム対抗活動），調べ学習と連携した地域研究や探究活動（発表を含む）などが効果的である。ただし，メンバーや役割については，常に思慮深く判断していくことが成否に関わってくる。

③クラスを半分（半数）に割る場合

クラスを2チームに分けて競い合う疑似ディベートや，知的な体験活動（2チーム対抗で競い合う様々な活動）が効果的である。ここでは，児童生徒が常に自分のことと捉えて考える場面を作り上げていく必要がある。

④クラス全体（全員）の場合

例えば，児童生徒の発表を全体で聞き，意見を出し合うことや，ティーチャーズトークを聞く時間などがこれに含まれる。常に，クラス全体で行う場合には，児童生徒が興味関心をもって集中できる活動を考える必要がある。あまり効果が期待できない活動は短時間で済ませ，他の活動に移ることも必要になる。

3　5領域の「協働的な学び」の具体例

⑴「聞くこと」
　「聞くこと」においては，主にクラス全体で聞いた内容について，他の児童生徒と意見交換したり，討論したりすることが考えられる。
①教科書やテキストを利用：デジタルコンテンツの活用等
　教科書などのスキットや英文を聞かせ，それに関して他の児童生徒と内容について話し合わせたり，意見を交換させたりする。教師は内容に関するQ&Aや，登場人物の性格や今後のストーリー展開など，発展的に想像させる内容について話し合わせると話が広がりおもしろくなる。
② ALT を含む教師，他の児童生徒の発表等：対面
　ティーチャーズトークなどのスモールトークや児童生徒の発表などをクラス全体に聞かせることが考えられる。ここでも，教師は児童生徒とインターラクションを通して，内容についての共通理解を図ったり，児童生徒同士で話し合わせたりする。

⑵「読むこと」
　「読むこと」においては，音読及び内容把握において，従来の全体での授業と大きな差異はない。
①教科書やテキストを利用した音読：デジタルコンテンツの活用，対面等
　クラス全体にモデルとなる音源や教師のモデルリーディングを聞かせ，ペアやグループで読み合わせを行う。
②口頭での説明や解説：対面
　内容理解においては，ペアやグループで確認させる。この場合にも，教師は児童生徒にタスクを与え，例えば，「相手の気持ちはどのようなものか」など，日本語訳だけではなく，行間を読ませたり気持ちを理解させたりする。その際，できる限り，英語を用いることにする。

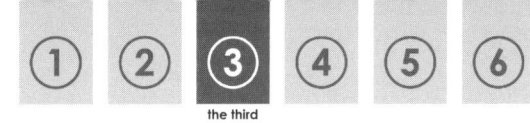

(3)「話すこと［やり取り］」

①ペアやグループでのインターラクション：デジタルコンテンツの活用等

　ICT を活用すれば，誰とでもペアやグループを組むことができる。マンネリ化を防ぐためにも効果は高い。

②座席近くの児童生徒とのインターラクション：対面

　従来の会話練習やディスカッションのスタイルである。対面での活動なので効果は大きいが，いつも同じメンバーとならないように常にメンバーの組み合わせの工夫が必要である。

(4)「話すこと［発表］」

①発表の原稿作成：Google スライド，Microsoft PowerPoint，Microsoft Sway 等

　発表をペアやグループで行う際には，ICT を活用して協働で作成する必要がある。効率も効果も高くなる。

②発表：対面等

　他の児童生徒に対して相手意識をもって発表させるために，ペアやグループ内で何度も練習し，自ら課題を見つけて改善に取り組ませる。特に，ノンバーバルな面を意識させる。

(5)「書くこと」

　「書くこと」については，個々の能力が一目瞭然となる。その違いを意識して向上させるためには，「協働的な学び」が効果的である。

①テーマに沿って協働で完成させる：文書アプリ，対面等

　ペアやグループでテーマに沿って作品を完成させる。ICT を活用する場合と対面で話し合いながら完成させる場合とが考えられる。

②他のグループの作品と比較させる：文書アプリ，対面等

　ペアやグループで作成した文章等の作品を他のペアやグループと比較しながら，自身の作品を校正し改善させることができる。

45

3 「協働的な学び」の学習評価の在り方

1 学習評価の考え方

「協働的な学び」での学習評価においては，「令和3年答申」にある「あらゆる他者を価値のある存在として尊重し，多様な人々と協働しながら様々な社会的変化を乗り越え，豊かな人生を切り拓き，持続可能な社会の創り手となることができるよう，その資質・能力を育成することが求められている」ことから，授業においても，様々な人々と協働して，自らの能力（ここでは英語力やコミュニケーション力等）を向上させているかを評価していく。

また，同じ「令和3年答申」にある「（前略）様々な活動の中で異学年間の交流の機会を充実することで，子供が自らのこれまでの成長を振り返り，将来への展望を培うとともに，自己肯定感を育むなどの取組も大切である」ことから，様々な人々との交流の中で，英語をツールとして，コミュニケーションを図る際には，受け身にならず積極性や協調性をもって，自ら向上しようとする努力も求められる。そして，これらも評価していくことが大切になる。

2 学習評価の在り方

「協働的な学び」の中で，英語の運用能力やコミュニケーションスキルを評価するには，どのように他者から学び，それらをどのように自分の能力の向上に結びつけているかを，発表，制作物等のアウトプットの面から評価していくことである。また，他者との話し合いやグループ発表の場面では，児童生徒がそれぞれどのような働きや役割を担い，どのような活躍をしているかなども評価できる。先に述べたように，いわゆるグループ内で「お客さ

ん」のように受け身であっては，そもそも「主体的に学習に取り組む態度」などではc評価となるものである。そうならないためにも，「協働」のもつ意味を事前に児童生徒に説明し周知しておく必要がある。まさに，「集団の中で個が埋没してしまうことがないよう」にする必要がある。このことがクラスづくりにも役立っていくことになる。

3　具体的な学習評価

　理想は，「協働的な学び」によって習熟の程度にかかわらず，クラスの人間関係が良好になり，深い絆で結びつくことである。そして，ここでも児童生徒の観点別評価が全員aになることである。そのためには，児童生徒同士がお互いに相手を尊重し合うことが必要になる。仲違いしているグループでは，「協働的な学び」から様々な能力の向上を図ることは難しい。この点も事前に児童生徒に伝えておきたい。

　領域別に評価の可能な項目について考えてみる。

① 「聞くこと」
・文字や語句，表現の協働での理解
・話されている内容についての協働での理解

② 「読むこと」
・協働での文字，語句，表現の音読
・協働での文，文章の音読
・協働での語句の意味理解
・協働での文，文章の内容理解

③ 「話すこと［やり取り］」
・ペアやグループでのやり取り（会話，ディスカッションの適切さなど）
・異年齢の児童生徒とのやり取り（内容，適切さなど）
・他校の児童生徒とのやり取り（内容，適切さなど）
・海外の児童生徒とのやり取り（内容，適切さなど）

47

④「話すこと［発表］」

・発表準備，練習

・ペアでの発表（スキットの適切さなど）

・グループでの発表（プレゼンテーションの聞き手に伝える内容など）

⑤「書くこと」

・協働での創作，作成

・協働での作成物の適切さ，正確さ

・協働での評価

などが考えられる。これらを組み立てるには，カリキュラム・マネジメントが重要となる。

4　具体的な評価方法

　「協働的な学び」について評価する場合，評価の方法としては2パターン考えられる。

①ICTを活用した方法

・ICTを活用して，やり取りの内容や適切さなどを観察する。

・ICTを活用して，発表準備やシナリオを確認する。

・ICTを活用して，グループでの発表をデータで提出させる。

・ICTを活用して，協働で作成したものをデータで提出させる。

②対面での方法

・協働での様々な練習を観察する。

・協働での音読を観察する。

・グループでの読み聞かせを観察する。

・やり取りをクラス全体の前で発表させる。

・スピーチなどの発表をクラス全体の前で発表させる。

・教師と複数の児童生徒とでインターラクションを行う。

第 **4** 章

the fourth chapter

「個別最適な学び」と
「協働的な学び」を
実現する
英語授業のポイント

1 英語における「個別最適な学び」と「協働的な学び」の一体化の考え方

1 「個別最適な学び」と「協働的な学び」の一体化の前に

　英語教育における「個別最適な学び」と「協働的な学び」とは，学びの流れの中では一対になるものである。通常，順番とすれば，基礎的・基本的な知識や技能を「個別最適な学び」で定着させ，「協働的な学び」の中でそれらの知識や技能を活用できる水準にまで押し上げていくものと考えるのが一般的である。しかし，時には，「協働的な学び」の中で，他の児童生徒とのやり取りや話し合いから，学ぶべき課題のイメージをもたせたり，課題を認識させたりして，それに対応した基礎的・基本的な知識や技能を「個別最適な学び」（インプット）で確実に身につけることも可能である。そして，再度「協働的な学び」（アウトプット）に還元して，それらを確実にコミュニケーションの場面で活用できるようにする。つまり，「個別最適な学び」と「協働的な学び」とは，卵が先か鶏が先かではなく，効率や効果を計りながら，スパイラルに様々過程を辿りながら活用できるレベルにまで，児童生徒の英語運用能力やコミュニケーションスキルを向上させることである。例えば，以下のようにイメージすることができる。

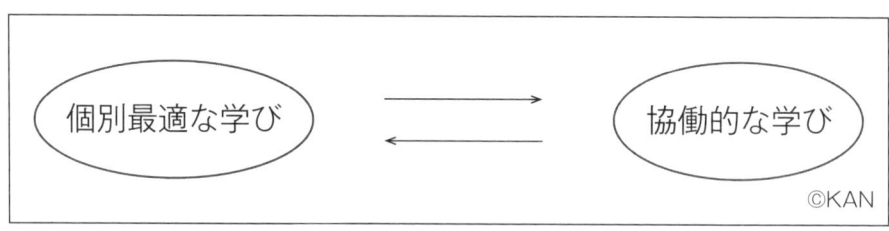

【児童生徒の英語運用能力向上，コミュニケーションスキルの伸長】

　これらを可能にするためには，「個別最適な学び」や「協働的な学び」以上に，カリキュラム・マネジメントが重要なものとなる。

2 「個別最適な学び」と「協働的な学び」の一体化のカリキュラム・マネジメントの重要性

　学習指導要領で明確に示されている「カリキュラム・マネジメントの充実」においては，各学校が教育課程に基づき組織的かつ計画的に教育活動の質の向上を図っていくためにカリキュラム・マネジメントの充実が求められているとされる。しかし，これらを，学校運営としての大枠と捉えれば，児童生徒に関わる授業や学級経営一つ一つは，それらを組み立てている一つの要素（パーツ）となっていることになる。そのパーツ一つ一つにもカリキュラム・マネジメントの考え方が注入されていないとすれば，大枠の教育課程も教育活動も質的に向上させることはできない。そこで，今一度，カリキュラム・マネジメントの重要な3つの側面を見ながら，「個別最適な学び」と「協働的な学び」の一体化のカリキュラム・マネジメントについて考えてみる。

・生徒や学校，地域の実態を適切に把握し，教育の目的や目標の実現に必要な教育の内容等を教科等横断的な視点で組み立てていく。

・教育課程の実施状況を評価してその改善を図っていく。

・教育課程の実施に必要な人的又は物的な体制を確保することとともにその改善を図っていく。

次に，これらを英語に照らし合わせてみる。

・児童や生徒の学力の実態を適切に把握し，授業の目的や単元の目標の実現に必要な指導内容や，「個別最適な学び」と「協働的な学び」とを効果的に組み立てていく。

・学びのそれぞれの状況や児童生徒を3つの観点から評価しながら，それぞれの改善を図っていく。

・授業や家庭学習での「個別最適な学び」と「協働的な学び」に必要な支援やICT活用時に必要なソフトやアプリケーション等を確保しながら，学びの改善を図っていく。

51

3 「個別最適な学び」と「協働的な学び」とを効果的に組み立てるために

　例えば，小学校5年「好きな教科を尋ね合おう」の単元では，授業の初めに，クラス全体で科目名や好きな教科を尋ね合う表現 "What subject do you like?" の口頭練習をした後に，「個別最適な学び」として，児童が各自でタブレットなどを使用して教科名と表現を練習する。その際，児童は自分のペースで，繰り返しモデルの発音や読み方を真似ながら練習する。ある程度できるようになった段階で，「協働的な学び」としてペアやグループで，"What subject do you like?" "I like …." の対話練習をする。教師は机間指導などを繰り返し，まだまだ活用段階まで至っていないと判断した場合には，再度，個別に科目名と尋ね合う表現とを練習させる。

　これは，中学校でも同じことである。中学校2年の比較級を文法ターゲットとする単元では，教師が作成した比較級を含む文の練習を ICT を活用して各自で練習した後に，例えば，グループで「夏と冬ではどちらがよいか」などのテーマで，「夏派」と「冬派」に分かれて，それぞれの立場で主張させると，比較級の使用場面や状況を身をもって把握でき，活用できる段階にまで向上させることができる。この場合にも，生徒の状況を見ながら，まだまだ定着までには程遠いようであれば，再度個別に練習させることもできる。

　以上から，教師は「個別最適な学び」と「協働的な学び」とを効果的に組み立てるために，常に児童生徒の活動の状況をアンテナ高く見聞きし，次の一歩を考えることが大切である。

4 英語における「個別最適な学び」と「協働的な学び」との考え方

　英語において，「個別最適な学び」と「協働的な学び」とは，常に一対であると述べた。そこで，「個別最適な学び」と「協働的な学び」との一体化の在り方を領域別に考えてみる。

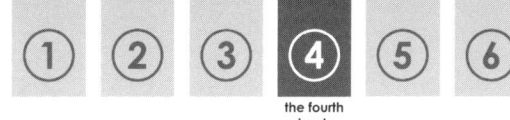

① 「聞くこと」

・（個別最適な学び）ICT を活用して，音声を聞き取る活動。話されている内容を理解する活動，など。

・（協働的な学び）聞き取った内容について，ペアやグループで確認し合う活動。聞き取れなかった箇所や内容について，他の児童生徒と教え合う活動，など。

② 「読むこと」

・（個別最適な学び）ICT を活用して，語彙や表現，文や文章を音読する活動。ICT を活用して，文や文章を読解する活動，など。

・（協働的な学び）教科書やテキストを活用しながら，ペアやグループで音読し合う活動。読解した内容について確認し，教え合う活動，など。

③ 「話すこと［やり取り］」

・（個別最適な学び）ICT を活用したやり取りの表現の練習活動，など。

・（協働的な学び）ICT を活用したランダムなペア活動やグループ活動。対面でのペアやグループでのやり取り，など。

④ 「話すこと［発表］」

・（個別最適な学び）ICT を活用した個別の発表準備や練習，個別発表の映像提出，など。

・（協働的な学び）ICT または対面でのペア，グループでの発表準備（発表箇所の確認など），発表練習（発表原稿作成以外の口頭練習），発表（全体発表や映像記録），など。

⑤ 「書くこと」

・（個別最適な学び）ICT やノートを活用した文字や単語をなぞる練習，英単語，英文を書くこと，など。

・（協働的な学び）ICT を活用して，他の児童生徒の英文をお互いに確認する活動。ペアやグループで英文を確認して添削する活動。グループで発表原稿を作成する活動，など。

2 「個別最適な学び」と「協働的な学び」の 一体化の具体例

1 「個別最適な学び」と「協働的な学び」の一体化の具体例の前に

　ここで今一度，「個別最適な学び」と「協働的な学び」について，教師に求められる考え方を中学校学習指導要領解説総則編から抜き出してみる。これは，今まで述べてきたことのまとめにもなるが，中学校だけに限ったことではなく，同じ内容が小学校学習指導要領解説総則編にも見ることができるので，「生徒」を「児童」に代えて読むと分かりやすい。

　　指導方法については，生徒の発達の段階や学習の実態などに配慮しながら，従来から取り組まれてきた一斉指導に加え，個別指導やグループ別指導といった学習形態の導入，理解の状況に応じた繰り返し指導，学習内容の習熟の程度に応じた指導，生徒の興味・関心や理解の状況に応じた課題学習，補充的な学習や発展的な学習などの学習活動を取り入れた指導などを柔軟かつ多様に導入することが重要である。学習内容の習熟の程度に応じた指導については，教科により生徒の習熟の程度に差が生じやすいことを考慮し，それぞれの生徒の習熟の程度に応じたきめ細かな指導方法を工夫して着実な理解を図っていくことが大切であることから，これらの指導方法等が例示されているものであるが，その指導については，学級内で学習集団を編成する場合と学級の枠を超えて学習集団を編成する場合が考えられる。その実施に当たっては，学校の実情や生徒の発達の段階等に応じ，必要な教科について適宜弾力的に行うものであり，実施時期，指導方法，評価の在り方等について十分検討した上で実施するなどの配慮が必要である。また，各学校で学習内容の習熟の程度に応じた指導を実施する際には，①生徒に優越感や劣等感を生じさせたり，②学習集団による学習内容の分化が長期化・固定化するなどして学習意欲を低下させたりすることのない

ように十分留意する必要がある。また，学習集団の編成の際は，③教師が一方的に生徒を割り振るのではなく，生徒の興味・関心等に応じ，自分で課題や集団を選ぶことができるよう配慮することも重要である。その際，生徒が自分の能力・適性に全く合致しない課題や集団を選ぶようであれば，教師は適切な助言を行うなどの工夫を行うことが大切である。また，④保護者に対しては，指導内容・指導方法の工夫改善等を示した指導計画，期待される学習の充実に係る効果，導入の理由等を事前に説明するなどの配慮が望まれる（下線，番号は筆者）。

下線部はこれまでも何度も述べてきたものである。再度確認する。

① 「個別最適な学び」において，基礎的・基本的な内容について児童生徒に習熟度別学習を行わせることで，児童生徒が「人より賢い，勉強ができる」「自分はダメだ，他の子よりできない」などと思わせてはいけないことを述べている。この点については，第2章で具体的に説明している。

② 「協働的な学び」において，ペアやグループのメンバーに関して述べている。これについても第2章で説明している。

③ 「協働的な学び」において，ペアやグループでの活動の内容等に関して述べている。これについては第3章で説明している。

④ 特に「個別最適な学び」の習熟度別学習や，「協働的な学び」におけるグループ構成などについて，保護者にしっかりと説明責任を果たすことが述べられている。これは第2章で詳しく説明している。

---

2 「個別最適な学び」と「協働的な学び」の一体化では，ツールとして何を利用すると効果が高いか

「個別最適な学び」と「協働的な学び」では，常にICTと対面等のアナログ的な活動を効率と効果を常に勘案しながら組み立てていくことである。その際には，当然であるが，児童生徒の状況や能力の向上度を計りながら組み立てることが必要である。特に「個別最適な学び」に長い時間をかけると，児童生徒のやる気を削ぐ場合があるので注意したい。

3 ５領域の「個別最適な学び」と「協働的な学び」の一体化の具体例

⑴「聞くこと」

①「個別最適な学び」→「協働的な学び」→「個別最適な学び」

　例えば，児童生徒に個別に教科書やテキストにある QR コードを活用して音声を聞かせたり，動画を視聴しながら会話などの音声を聞かせたりする。

　次に，ペアやグループでもう一度聞き合い，何が話されているかを話し合わせる。それを基に，再度，各自で音声を確認させる。

②「協働的な学び」→「個別最適な学び」→「協働的な学び」

　ここでは，教師が聞く際のポイントや課題点を提示してから，クラス全体で音声を聞かせる。ペアやグループで教師の提示した点について話し合い，その後，各自で再度聞いて確認させる。最終的に全体で，内容の最終確認をさせる。

⑵「読むこと」

①「個別最適な学び」→「協働的な学び」→「個別最適な学び」

　「聞くこと」と同様に QR コードを利用して，各個人でモデルの音声を真似しながら教科書本文等の音読練習をさせたり，内容把握をさせたりする。その後，ペアやグループで読み合わせや内容確認をさせ，音読できなかった箇所や理解できなかった箇所について，各自で再度確認させる。

②「協働的な学び」→「個別最適な学び」→「協働的な学び」

　クラス全体で音読練習をしたり，内容把握の際に教師からポイントを聞き，各自で練習したり，内容を把握したりさせ，その後，全体でモデルとなった児童生徒の音読を聞いたり，内容を確認したりする。

⑶「話すこと［やり取り］」

①「個別最適な学び」→「協働的な学び」→「個別最適な学び」

ICT などのデジタル機器を活用して，次にペアやグループで行う活動に向けて表現等の練習を自分のペースで何度もさせる。その後，ペアやグループになり，練習した表現を活用しながらやり取りを行わせる。

② 「協働的な学び」→「個別最適な学び」→「協働的な学び」

「話すこと［やり取り］」では，初めに「協働的な学び」を取り入れる場合には，十分に既習語彙や表現を確認して取り組ませることが大切である。新出語彙や表現から活用することは困難さをさらに助長することになる。

(4) 「話すこと［発表］」

① 「個別最適な学び」→「協働的な学び」→「個別最適な学び」

個人での発表を想定する場合には，常に「個別最適な学び」で行われるが，発表のための確認や改善のためには，他の児童生徒に発表を聞いてもらうことも練習としては重要な視点である。

② 「協働的な学び」→「個別最適な学び」→「協働的な学び」

ペアやグループでの発表を想定する場合には，この流れが一般的である。グループで作成し，自分のパート練習は「個別最適な学び」を通し，自分なりに完成させていく。

(5) 「書くこと」

① 「個別最適な学び」→「協働的な学び」→「個別最適な学び」

一人一人書いたものを，他の児童生徒の目にさらすことで，様々な支援を求めることができる。正誤，内容等，書くことのブラッシュアップに最も簡単につなげることができる。

② 「協働的な学び」→「個別最適な学び」→「協働的な学び」

複数の児童生徒で発表する際には，メンバーで発表原稿を作成したり，ポスターを作成したりする必要がある。その際には，ペアやグループの活動に加え，発表に向けて，他の児童生徒が書いたものを読むだけではなく，自分の書いたものとして取り扱うように教師は仕組む必要がある。

3 「個別最適な学び」と「協働的な学び」の一体化の学習評価の在り方

1 学習評価の考え方

　「個別最適な学び」と「協働的な学び」との一体化の評価を行う場合には，「個別最適な学び」と「協働的な学び」とをそれぞれ別に評価するのではない。「個別最適な学び」で基礎的・基本的な知識や技能を向上させ，それをさらに「協働的な学び」を通して活用できるようにする。つまり，その到達地点を評価の対象，場面にすることである。

　小学校学習指導要領解説総則編と中学校学習指導要領解説総則編には次のようにある（下線部筆者）。

> 　実際の評価においては，各教科等の目標の実現に向けた学習の状況を把握するために，指導内容や児童（生徒）の特性に応じて，単元や題材など内容や時間のまとまりを見通しながら評価の場面や方法を工夫し，学習の過程の適切な場面で評価を行う必要がある。その際には，学習の成果だけでなく，学習の過程を一層重視することが大切である。特に，他者との比較ではなく児童（生徒）一人一人のもつよい点や可能性などの多様な側面，進歩の様子などを把握し，学年や学期にわたって児童（生徒）がどれだけ成長したかという視点を大切にすることも重要である。また，教師による評価とともに，児童（生徒）による学習活動としての相互評価や自己評価などを工夫することも大切である。相互評価や自己評価は，児童（生徒）自身の学習意欲の向上にもつながることから重視する必要がある。

　以上から分かるように，学習評価においては，「個別最適な学び」で，児童生徒がそれぞれの能力やリズムに合わせて基礎的・基本的な知識や技能を向上させ，定着を図るために学習させている。それに加えて，「協働的な学び」を組み合わせていることから，まさに児童生徒の評価については多面的

に考えていく必要がある。少なくとも，学校や学年の状況に合わせて，「知識・技能」面では成長度や定着度を評価し，「主体的に学習に取り組む態度」面では，学習の過程を重視する評価の工夫が求められる。

2 具体的な学習評価

英語においては，様々な場面での評価は可能であるが，知識や技能があったとしても，実際に活用や利用ができないのであれば，まさに「絵に描いた餅」状態である。そのために現在ではパフォーマンス活動を中心に授業が行われ，評価はパフォーマンス評価を積極的に取り入れるようになってきた。そこで，「個別最適な学び」と「協働的な学び」の一体化の学習評価を以下のように考えて実施していくことにする。

① 「聞くこと」
・音声を聞いての文字の理解，語句，表現の理解
・やり取りを聞いての理解
・積極的に音声を聞く態度や聞くことの難しさを克服していく態度

② 「読むこと」
・文字の音読，語句，表現の音読や文，文章の音読
・語句の意味理解や文，文章の読解
・積極的に文字，語句，表現，文，文章を読む態度や読むことの難しさを克服していく態度

③ 「話すこと［やり取り］」
・適切なやり取り，適切な表現活用
・自分の考えや思いを伝える表現
・積極的にやり取りする態度ややり取りの難しさを克服していく態度

④ 「話すこと［発表］」
・十分な準備，発表の適切さ
・相手意識をもって伝えることのできる発表

59

・積極的に発表しようとする態度や発表の難しさを克服していく態度

⑤「書くこと」

・文字の正確さ，綴りの正確さ

・内容の適切さ，正確さ

・積極的に書こうとする態度や書くことの難しさを克服していく態度

3　具体的な評価方法

　「個別最適な学び」と「協働的な学び」について評価する場合，評価の方法としては2パターン考えられる。

　また，「協働的な学び」と評価方法は酷似しているが，よりシステマテックに構成された授業の流れから，到達目標を高く設定することもできる。ここまでに何度も「個別最適な学び」を巡って向上を図っているからである。

① ICT を活用した方法

・ICT を活用して，英文や対話などの話されている内容について問う問題に答えさせる。

・ICT を活用して，教科書本文の音読を個人やグループ内のデータを提出させる。

・ICT を活用して，ペアやグループなどでの高度なやり取りや発表をデータで提出させる。

・ICT を活用して，高度な内容についての英文を作成し提出させる。

②対面での方法

・常に「個別最適な学び」と「協働的な学び」の様々な場面を観察し記録として残しておく。

・「協働的な学び」の評価の方法と同様，高度なやり取りをクラス全体の前で発表させる。

・グループごとに高度な内容についてのスピーチなどの発表をクラス全体の前で発表させる。

第 **5** 章

the fifth chapter

小学校
「個別最適な学び」と
「協働的な学び」を
実現する授業アイデア

1 アルファベットを しっかり聞き取ろう

1 活動の概要

(1)タブレット等を使った活動

　児童の習熟度に合わせて，二次元コード（QR コード）を用いて，新出や既習にかかわらず語彙や表現の練習を繰り返させたり，既習のリスニング問題に何度も取り組ませたりするなど，英語を聞く状況を普段から作る。

　聞き取りクイズとして，Microsoft Teams を使って，会話文を聞き取り，Microsoft Forms のクイズに回答させる。回答を確認させ，間違いの箇所について再度聞き取らせるなど，児童自身で反復学習を調整させることもできる。

(2)複数グループによる活動

　授業に ALT 及び地域人材等が参加する場合，指導者の数に合わせたグループを構成する。「聞くこと」が得意なグループと苦手なグループとに分けて活動する方が効果は期待できる。その中で，スモールトークやリスニング問題を行う。得意なグループには少し速めのスピードで聞かせ，苦手なグループには少し遅めのスピードで聞かせる。

2 活動のポイント

　「個別最適な学び」を「外国語活動」の復習，表現確認，聞き取り等で活用する。語彙の聞き取り，表現の聞き取りなど内容を変えて行うことができる。うまく自分で進めることができない子には，教師が支援をし，自主的に進められるようにする。

3 活動例（第2時／全4時間）
アルファベット

①挨拶（4分）

②スモールトーク（7分）　　　　　　　　　　　　　　　→活動(2)

　担任と ALT の2つのグループに分かれて，アルファベットに関するティーチャズ・トークを聞かせる。習熟度に合わせてスピードを調整しながら話す。児童が理解できるスピードでは練習にならないため，児童の聞き取れる速さより若干速めのスピードで話すことがポイントである。

　例：Hello. My name is Suzuki Ken.（黒板に名前を板書）S-U-Z-U-K-I K-E-N（板書に合わせ発声したり，記載後に一斉に発声したりする）児童各自にローマ字表記のネームタグを渡し，個別で文字の発声練習をさせる。"K-A-M-E-I Y-U-I" の練習後，数人を選び，発表させる。

③前時の復習（7分）　　　　　　　　　　　　　　　　→活動(1)

　前時に学習したアルファベットについて，各自で端末を使い，QR コードから文字と発音を確認させる。デジタル教科書を使用してもよいし，アプリケーション，教師作成の教材等でも可能である。

④アルファベットクイズ（7分）　　　　　　　　　　　→活動(1)

　Teams で会話文を聞かせ，Forms のクイズに回答させる。制限時間を十分にとって，個別に何度も聞くことを奨励する。

　例：（校長の自己紹介）Hello. I'm a school principal, *Kochosensei*. My name is DAIMON MASAAKI. Thank you.（状況により字幕を入れる）

　問題1　名前の中に M は何個ありましたか。

　問題2　名前の中に A は何個ありましたか。

⑤ペアで文字確認（15分）　　　　　　　　　　　　　→活動(2)

　ペアになって，スモールトークのときに使用したカード（ネームタグ）を2枚見比べて，同じ文字が何個あるかを調べて発表させる。

⑥振り返り（5分）

2 よく聞いて英語の音声と文字をマッチングしよう

5　年　読むこと
☑個別最適な学び
□協働的な学び
□個別最適な学びと協働的な学び

1　活動の概要

---

(1)オンライン語学学習ツール Quizlet を使用した単語の確認

　Quizlet を用いて，個人の理解度に応じて各自で動詞の復習や確認を行わせる。教師がアプリ上で「学習セット」を事前に作成しておく。画像を添付すると，児童は英語の音声と文字，画像とを関連づけながら復習することができる。

(2)ロイロノート・スクールを活用した「できること」の組み合わせゲーム

　教師が事前に，単元で目標とする言語材料について①「動物・人物」のテキストグループ（絵や画像）と，②「動作」のテキストグループ（文字）とに分けたものを作成しておく。音声も添付すると，児童は音を聞きながら確認することができる。児童は「誰が何ができるか」を考えながら，①と②のカードを結びつける。回答できたら教師に送り，教師がフィードバックを行う。

2　活動のポイント

　ロイロノート・スクールを用いることで，教師はその様子を適切に見とり，フィードバックを行うことができる。また，Quizlet を用いる際には，児童自身が分からない単語を「単語カード」で音声を聞きながら復習したり，「テスト」で再確認したりすることができる。このパターンを何度も繰り返すことにより，自律的な学びの方法を身につけることができる。「個別最適な学び」を行うには，よいツールとなっている。

3　活動例（第1時／全5時間）
　"Can you do this?" プロフィールカードを作ろう

①挨拶（4分）

②単語の復習クイズ（10分）　　　　　　　　　　　　　　　→活動⑴

　「学習セット」として単元で学んだ動作を表す単語（fly, jump, run, sing, swim, walk, read a book 等）の内，1単語（例：fly），意味（例：飛ぶ），画像（例：飛んでいる動作をしているもの）を1セットとし，何セットか，教師が作成しておく。クイズを作成する際には，オプションからクイズの形式を選択することができる。選択問題とした場合，児童は個別に英語の文字とその音声を聞いた後に，画像とともに示された選択肢から答えを探し，回答する。教師はそれぞれの回答を確認しながら，個別に指導をする。

③「できること」の組み合わせゲーム（18分）　　　　　　　→活動⑵

　ロイロノート・スクール上に，①「動物・人物」の画像と文字が書かれたテキスト（カード）と②「動作」を表す文字が書かれたテキスト（カード）を複数用意しておく。児童は，個別またはペアで①「誰が・何が」と②「できること」とを連結させて教師に提出する。教師は提出されたカードを確認し，フィードバックを行う。すべてできた児童やペアには，児童に連結したカードの表現をつなげて音読させ，その音声を提出させることも可能である。ほぼ全員ができた段階で，モデルの児童に発表させる。

　　例： elephant 「動物・人物カード」　 walk 「できること」
　　　　 kangaroo 「動物・人物カード」　 jump 「できること」

④自分の「プロフィールカード」を考える（8分）

　②③の活動を参考に，自分ができること（I can ....）を考える。児童のレベルに合わせ，1文でも，既習表現を含めた複数の文でもよいこととする。できた段階で教師に送る。

　　例：I'm Yamada Taro. I like soccer. I can play soccer. I can run fast.

⑤振り返り（5分）

3 何曜日が好きか尋ねたり答えたりする言い方に慣れよう

4 年	話すこと ［やり取り］

☑個別最適な学び
□協働的な学び
□個別最適な学びと協働的な学び

---

1 活動の概要

⑴タブレット等を使った活動

　ロイロノート・スクールを活用して個別に活動する。「基礎コース」と
「応用コース」の２つのコースのビデオを全員に配信する。コースは各自が
自由に選択することができ，どちらのコースも視聴することができる。コー
ス別に集まって指導することはしない。児童はビデオを視聴して曜日の言い
方や好きな曜日の尋ね方と答え方を繰り返し練習する。提出用のカードを用
意し，音声を録音して提出させることもできる。その際は，全員が提出でき
るように時間を確保する。配信するビデオは ALT の協力を得て作成してお
く。次頁の⑥の活動で使用するビデオは概ね次のような内容にする。

「基礎コース」

A: What day do you like?　B: I like Tuesdays.（火曜日の絵カードを見せる）

B: What day do you like?　A: I like Sundays.（日曜日の絵カードを見せる）

「応用コース」

A: What day do you like?　B: I like Tuesdays.

A: Me, too.（ジェスチャーを加える）　I like Tuesdays, too.

---

2 活動のポイント

　ここでは，「基礎コース」「応用コース」の選択は，児童に選択させる。ま
た，全員に２つのコースのビデオを配信し，どちらのコースのビデオを見て
もよいことにする。「基礎コース」のビデオでの会話のスピードは，「応用コ
ース」よりゆっくりめとする。児童の学習意欲を高めるように注意を払う。

3 活動例（第3時 / 全3時間）
"I like Mondays."

①挨拶（2分）

②Let's Sing（3分）

　♪ Sunday, Monday, Tuesday を全員で歌わせる。

③今日のめあて（3分）

　めあて「友達と好きな曜日を尋ね合う」を全員で確認させる。

④キーフレーズ・ゲームをする（8分）

　ペアになりキーフレーズが聞こえたら，2人の間に置かれた消しゴムを素早く取るゲーム。例えば，キーフレーズは "I like Mondays." 等とし，下線部の曜日を替えてゲームを進める。慣れてきたら，"I don't like Mondays." など否定文をはさんでもよい。

⑤曜日の言い方に慣れる（8分）　　　　　　　　　　　　→活動(1)

　各自のロイロノート・スクールに配信されたビデオから，(1)各自が聞きたい曜日を選び，何度も視聴して言う練習をさせる。(2)慣れてきたら，「応用コース」は Saturday から逆に Sunday まで言うビデオを，「基礎コース」は，Sunday から Saturday まで順に言うビデオを視聴して練習させる。

⑥何曜日が好きか尋ねたり答えたりする言い方に慣れる（8分）　→活動(1)

　何曜日が好きか尋ねたり答えたりすることができるようにコース別に配信されたビデオを視聴して練習させる。時間的に余裕のある児童は他のコースのビデオを視聴する。音声を消して映像に合わせて言う練習をさせてもよい。

⑦Activity：『Let's Try! 2 』p. 13（8分）

　教室内を歩いてペアになり，上記で練習した表現を活用して好きな曜日を尋ね合い，自分と同じ曜日の好きな人を見つけさせる。また，その理由を日本語でもよいので付け加えさせる。

⑧振り返り（5分）

　今日のめあてについて振り返らせる。

4 自分の町を紹介しよう

1　活動の概要

---

(1)タブレット等を使った活動①

　教科書では，グループで自分の町を紹介することになっているが，ここで例えば，「自分だけが知っている自分の町紹介」のように，子供たちが生活の中で肌で感じている町の良さについて一人一人に紹介させることにする。そのため，まず自分たちの町の良さについて多面的に出し合う時間を設ける。その後で，どのようなことを紹介したいのかワークシートにまとめさせる。教師は，その情報を元にどのような英語を児童が使うのかを把握し，紹介したいものや場所等を英語にした練習用ビデオを作成する。その際，教師が事前に撮影してきた写真を見せる。

(2)タブレット等を使った活動②

　自分の町を紹介する際に，Microsoft PowerPoint 等でスライドショーを作成し，それに合わせて英語で町の紹介をさせる。教師が撮影した写真を提供してもよい。スライドショーは1枚で，そこに，写真と英語を挿入させ，ポスターとして仕上げさせる。

2　活動のポイント

　練習用ビデオづくりにあたって，事前の調査で様々な良さが児童から出されるが，個人的なことについては採用しない方がよい場合があるので注意したい。また，どうしても英語に置き換えられない場合や，難しくなるような場合には，日本語でもよいことにする。

---

3 活動例（第5～7時／全8時間）

"I love my town."

---

①挨拶（2分）

②今日のめあて（3分）

めあて「自分の町を紹介しよう」を全員で確認させる。

③紹介で使う表現に慣れる（5分）　　　　　　　　　　　　→活動(1)

各自の Microsoft Teams 等に配信された教師が作成した「紹介したいものや場所」のビデオから，自分が紹介するものや場所のビデオを選択し，視聴して練習させる。

例：This is Panda Park. It's very big.

④ポスターの作成（30分）　　　　　　　　　　　　　　　→活動(2)

PowerPoint 等を活用させる。児童に，Teams 等で送信された教師が撮影した写真を使ってポスターづくりを始めさせる。英語での説明の全文がまだできていないので，教師は一人ずつ児童が伝えたい日本語を既習の語句を使って英語に訳す。

例：これがパンダ公園です。パンダ公園はとても大きいです。私は，そこにある大きな赤いブランコが大好きです。→ This is Panda park. It's very big. I like this big red swing.（ブランコが写真に写っている）

このように，"This is …. It's …. I like …." を基本の形として個々に紹介文を作らせる。完成した紹介文は，教師が英文を確認し，間違いは直して児童の前で音読し，児童にその様子をタブレットで録画させる。それを練習用ビデオとして音読練習に活用させる。慣れてきたら，音読の様子を直接教師に聞いてもらったり，録画したものを Teams 等で提出させて，教師が後でコメントを返信する。

⑤振り返り（5分）

今日のめあてについて振り返りをさせる。活動を通して気づいたことを振り返りシートに記入させる。

5　ダウトを探そう

1　活動の概要

(1)児童の定着状況を把握するための活動

　6年生では単語を書き写すことが基本となるが，5年生でもアルファベットが十分に定着していない場合もあるため，継続的に書く活動を行うことが必要である。ただし，一律にA〜Z（a〜z）まで練習させることは適切ではないため，文脈の中で児童がどこでつまずいているかを確認するとともに，指導の個別化の視点が重要である。そのためには，文字を識別できているかの確認等から段階的に行って書く力を確実に育成していく。

(2)タブレット等を使って個に応じた課題に取り組む活動

　その単元で扱う語彙を用いて，Googleフォームで「ダウトを探そう」のタイトルの簡単なクイズを作成する。例えば，「次の①〜④のうちから，"fun"のダウトを探そう」として，① fun ② fun ③ fan ④ fun とラジオボタンで示す。児童は①〜④の中からダウトを探し，その番号をクリックする。難易度を上げて正しいスペルを選択する問題等も準備しておくと，児童が理解度に合わせて個での学びを進めることができる。

2　活動のポイント

　理解が不十分な児童を認識し，個に応じた指導をすることが目的である。そのため，実施して終わりではなく，対象児童に合わせた補充学習を行い，授業での「書くこと」における言語活動の充実に備えることが大切である。また，毎授業時間に「書くこと」を取り入れることが重要である。

3 活動例（第4時／全8時間）
"My Best Memory"

①挨拶（4分）

月日や曜日についてやり取りしながら，"It's Wednesday. How do you spell it?"と尋ね，アルファベット名を児童から引き出しながら，"W-e-d-n-e-s-d-a-y"のように，読み方と文字とを合わせて示す。

②単元の見通しを共有する（4分）

単元のゴール（例：思い出に残っている学校行事を写真絵本にまとめて発表する）を改めて示し，今日から表現を書き込んでいくことを知らせる。

③スモールトーク（7分）

担任とALTで，昨日のTV番組について話す。その際，"What do you think?"と尋ね合い，使った表現（例：It's good!）を黒板にカード等で示す。その際，アルファベットの読み方（g-o-o-d）も確認する。次に，児童にも同様に尋ね，さらに"Let's talk about your favorite TV program!"と指示を出し，児童同士のスモールトークを行う。

④ダウトを探そう（10分）　　　　　　　　　　　　→活動⑴⑵

児童の端末にGoogleフォームのURLを送付し，解答する時間をとる。全問正解の児童には，写真絵本の下書きを始めるように指示を出す。間違った児童がいた場合には，それぞれに応じた課題（例：特定の文字や小文字の練習など）を示し，場合によっては補充学習や家庭学習を促し，確実にアルファベットを書く力が身につくようにする。

⑤あなたの気持ちは？（15分）

写真をペアで見せ合い，"What do you think?"と尋ね合い，感想や気持ち等を英語で伝え合う。聞き手は反応を返し，会話を広げるとともに，相手の気持ちを英語でメモする（例：fun）。後半はペアを替え，同様に相手の気持ちをメモし，自分の写真絵本に入れるコメントの参考とする。

⑥振り返り（5分）

71

6 世界の魅力を発見しよう

6　年 技能統合
☑個別最適な学び
□協働的な学び
□個別最適な学びと協働的な学び

1　活動の概要

(1)自分の思いを語る活動

　「行きたい国の発表」が単元のゴールになることは多いが，先に国を決めるとステレオタイプ的な発表で終わることが多い。そこで，「絶景」「おいしい食べ物」等を個別に調べ，それぞれ自分の思いを表現させる。聞き手はその中で印象に残った国名をメモし，最終的にメモした中で最も多い国を「自分が行きたい国」として発表する。その際，自分独自の視点を付け加えてよいこととすれば，「学習の個性化」につながる。

(2)タブレット等を使って個に応じた表現機会を設ける活動

　全員で発表者に "Where do you want to go ?" と尋ね，発表者は "I want to go here !" と言い，見てみたい絶景写真を紹介する。その際，個のレベルに応じて "Here!" だけでもよいこととする。また，"Do you know where this is?" と付け加えることも推奨する。

2　活動のポイント

　児童は発表者の行きたい国を聞いて，国名をアルファベットで書く。その際，国名のスペルが分からない場合は，質問をして一文字ずつ確認することにする。基本的には先頭のみ大文字表記で残りは小文字となる。ただし，小文字の定着が不十分な児童は聞き取って書く場合には大文字のみで書いてもよいこととし，苦手な小文字は個別に学習する環境（ICT やプリント等）を教師が用意する。

3 活動例（第2時／全8時間）
"Where do you want to go？"

①挨拶（4分）

②スモールトーク（7分）

　担任と ALT とで，写真を見せながら日本国内の行きたい場所を尋ね合う。その後，担任は "Do you want to go to Hokkaido？" 等と児童とやり取りをし，"No." と答えた児童がいた場合には，他の全員で "Where do you want to go？" と尋ねて答えを聞き出す。その後，ペアで行きたい場所を尋ね合う。

③世界，魅力発見！（20分）　　　　　　　　　　　　　　　→活動(1)(2)

　発表者は，タブレット等をもって教室の前に出る。他の全員で "Where do you want to go？" と尋ね，発表者は "I want to go here！" や自分のレベルに応じた英語を使い，見てみたい絶景写真を紹介する。その後，映し出した Google Earth の画面の真ん中に人形等を張り付けて，"Go straight." "Turn left." 等の指示を出し，教師又は他の児童に Google Earth を操作させる。発表者は，目的の国に着いたら "Stop！" と言い，全員が "Where do you want to go？" と尋ね，"I want to go to（国名），（絶景の場所名），（気持ち）." と答える。ただし，児童のレベルに応じて，国名だけは英語，他はジェスチャーで伝えることも認め，次時以降に個に応じた指導を行っていく。「この国に行ってみたい！」と思った児童は，ワークシートの「絶景」の欄に国名を書き残す。国名は，大文字＋小文字（例：Brazil）以外にも，大文字のみ（BRAZIL）・カタカナ表記（ブラジル）も認める。

④スモールトーク Part 2（10分）

　担任と ALT とが行きたい国について尋ね合う。その際，"You can see …." と本単元で扱う表現を意図的に使い，児童に慣れ親しませながら文脈の中で定着を図る。

⑤振り返り（4分）

7 どんな料理？食べ物？ よく聞いて考えよう

☐個別最適な学び
☑協働的な学び
☐個別最適な学びと協働的な学び

1 活動の概要

(1)Padlet を活用し，ペアで異なる情報を聞き取る活動

　Padlet 上の動画を見て，教師と ALT のスモールトークの内容を聞き取る。普段から児童に関わりのある教員による動画を事前に教師が録画し，Padletにあげておく。その中から，ペアで異なる動画を見るように指示を出す。児童には，ペア同士でそれぞれが聞き取った内容（何の料理か）を埋めることで一つの表が完成するように意識をさせ，ワークシートを配付して活動させる。

(2)インフォメーションギャップをもたせて聞く必然性を高める活動

　既習表現の "Do you have ...?" を用いたペア活動を行い，さらに単語への慣れ親しみを深めていく。教師は，タブレットの一斉送信機能を使ってピクチャーカードを送る。その際，ペア間で異なるカードをもつようにする。児童は送られたカードをもとに，互いに何をもっているかを尋ね合う。ヒントを相手に伝えることでゲーム化しておもしろくすることもできる。

2 活動のポイント

　導入時のスモールトークによるモデル提示から，単語や表現への慣れ親しみの活動へスムーズにつなぐことができる。特に，アプリを活用しペア同士で異なる情報を聞き取る状況を作ることで，話されている内容について，より目的をもって聞くことができる。ペア同士が情報を共有し合うことで，協働的な活動となる。

3 活動例（第1時／全5時間）
"What do you want?"

①挨拶（3分）

②スモールトーク（8分）　　　　　　　　　　　　　　　　　→活動(1)

　動画を見ることにより，本単元で行う言語活動，学習する単語や表現を理解させる。児童は本単元の言語材料である食べ物について聞き取り，何を作るのか "What's this?" に対する答えを考える。実態に応じて，何が写されているか電子黒板に注目させて聞かせ，必要な部分を教師がゆっくりはっきり話して，使う食材と作る食べ物を楽しみながら考えさせる。聞き取って考えたことをワークシートに記入し，ペアの友達と合わせて，お世話になっている先生へのメニューリストができるようにする。

　　例：HRT：What's this?　Please guess what this food is?　It is a special food for ○○ *sensei*.

　　　　ALT：What are the toppings ?

　　　　HRT：Tomatoes, onions, cheese, and sausages.

　　　　ALT：Wow.　It looks good.

③食べ物を表す単語に慣れ親しむ活動（17分）

　再度教師と ALT のやり取りを聞き，その中で出てきた食べ物の単語に十分に慣れ親しませる。『Let's Try! 2』の該当ページを開かせ，教師は児童の様子を見ながら適宜ゆっくり繰り返し，児童が単語をしっかり聞き取り，聞き取った単語に印をつけられるようにする。

④ペアで "Do you have ...?" ゲーム（12分）　　　　　　　　→活動(2)

　Google Classroom や Microsoft Teams，AirDrop 等の一斉送信機能を使用し，児童にピクチャーカードを配付する。児童はペアになって互いにもっているカードを予想して当てる。"Do you have a tomato?" と聞き，もっていたら "Yes, I do." と答える。たくさん尋ね合い，表現や単語に慣れ親しむ。

⑤振り返り（5分）

8 思いをこめたメッセージを伝え合い，読み合おう

1 活動の概要

(1)Canva を使用し英語を聞きながら物語の流れをつかむ活動

　国語や読書の中で既に読んだことのある"The Letter"（お手紙）の物語について，絵とともに英文が記されたスライドを送信し，クラスで共有する。教師の話す英文を聞きながら文字にも着目して読み進めていく。文字に着目させる際には，挿絵を参考にし，友達と相談し合い楽しみながら協働で読んでいく。

(2)慣れ親しんだ表現を使ってメッセージカードを送る活動

　この活動は，最後の「お世話になった方に感謝の気持ちを伝える」活動へのスモールステップとなる。Canva などの音声録音機能を使ってメッセージを録音させる。その後，教師が提示した表現集を適宜用いて，自分の話した音声を文字に変換してカードに載せる。できあがったカードを送り合い，英語の音声を聞いたり文字を読んだりしながら，互いの思いや気持ちを伝え合う。

2 活動のポイント

　文字への負担感は個人によって異なるため，児童にとって親しみやすい物語を題材にする（"Brown Bear, Brown Bear, What Do You See?" など）。挿絵を並べ替えて物語の流れを理解するために，ゲーム要素を加え，絵と音声とを中心に考えさせる。その上で，教師の問いかけにより文字に着目させるなど，段階的に進めていくことが重要である。

3 活動例（第1時／全4時間）
感謝の気持ちを伝えよう

①挨拶（4分）

②スモールトーク（6分）

　児童の既習教材である"The Letter"（お手紙）についてのスモールトークを行い，題材を知る。

　例：I have a letter. Do you know the story "The Letter"?

③英文を聞きながら，物語の流れをつかむ活動（6分）　　　→活動(1)

　ALTまたは教師が絵本の読み聞かせを行う。聞き終わったら，友達と相談をしながらカードを並べ替え，あらすじをつかむ。

④物語の中の文字を読む活動（6分）

　"Please touch the Frog and Toad's happy face."などの指示を出し，児童の関心を絵や文に向けさせていく。見つけたらCanvaのスライド上に印をつけさせたりして，聞き取る意識を高める。その後，"Please find the word 'happy' in the pictures."という指示を出し，児童の意識を文字へ向け，文字を認識できるように工夫する。

⑤ペアでメッセージカードを送り合う（18分）　　　　→活動(2)

　既に慣れ親しんだ表現を用いてペアの友達に送るメッセージを考える。音声録音機能を使用し，"Thank you for ...."や"I like ...." "You are ...." "You can ...."等の表現を用いて録音する。その後，教師がアプリ上に提示しておいた表現素材を使用して，音声と文字とが含まれたカードを作成し，友達に送る。児童は文字と音声を結びつけて理解できるだけでなく，友達の思いを知ることができる。よりよい関係づくりにもつなげていくことができる。

　例：To Miki,

　　　I like your smile. You are very kind. Thank you for your kindness.

　　　　　　　　　　　　　　　　　　　　　　　　　　　　　　　　Hana

⑥振り返り（5分）

9 クイズ大会をしよう

1 活動の概要

(1)タブレット等を使った活動

　クイズ大会では，Microsoft Teams に送信されたクイズ画面をクラス全員で見ながら，出題者が出す問題（"What's this?" 全員共通）に対する答えを考えさせる。およそ２時間かけて問題を作成させる。

　クイズは，一人１問作成させる。作成にあたって気をつけたいことは次の２点である。

　○できるだけ多くの英語の指示を使ったクイズを事前に体験させておく。
　　様々なクイズを楽しみながら，どのようなクイズが作れるのか，また，
　　作成ではどのような英語を使うとよいのかなど多くのことに気づかせる。
　　加えて，タブレットを使っての出題の方法を確認させる。

　○クイズ作成にあたっては，作業の進み具合に個人差があることが予想される。自分のクイズを完成した児童には，積極的に困っている友達の手伝いをするように伝える。

2 活動のポイント

　友達の手助けをする時には，あくまでも作り方を教え，代わりに作ることなどないように全員に確認する。クイズ画面作成にあたっては，Microsoft PowerPoint などが使えない場合には，紙に書いた答えを写真に撮って提出してもよいことにする。

　あくまでも「協働的な学び」とは，互いに向上に向けて努力し，目標を達成することにある。

3 活動例（第3・4時 / 全5時間）
"What's this?"

①挨拶（2分）

②今日のめあて（3分）

めあて「クイズ大会の準備をしよう」を全員で確認させる。

③Let's Chant（5分）

♪ What's this? を全員で歌わせる。

④クイズづくりをしよう（30分）　　　　　　　　　　→活動⑴

児童一人一人がクイズを最低1問は作成する。早く作成できた児童は，グループ内のまだ作成できていない友達の手助けをする。

【クイズづくりのルールの例】

○クイズの題材

数（1-30），身の回りのもの，果物，野菜，飲食物，動物，スポーツ，色，形，アルファベット（大文字）等，既習の単語を使わせる。

○出題方法

ヒントを見せる。ヒント（英語か日本語）を聞かせる。

○使う英語

What's this?　That's right.　Close.　Good idea.

○タブレットの使用

PowerPoint 等でクイズ画面を作成し，Teams に提出させる。クイズ大会では，この Teams から順にクイズを出させる。

⑤振り返り（5分）

今日のめあてについて振り返りをさせる。クイズづくりで，友達を手助けしたり，友達から助けてもらったりして感じたことを振り返らせ，クラスで共有させる。

79

10 将来の夢を発表しよう

1 活動の概要

(1)グループでの活動

　将来の夢を発表するために，グループで協力し合いながら発表の準備をさせる。グループは，同じ仕事に就く夢をもつ児童でできたグループ（サッカー選手グループなど）と，違う夢をもつ児童でできたグループの2種類にする。

　同じ夢をもつグループでは，その夢にした理由をグループ内で出し合い，様々な視点の考え方があることに気づき，自分が考えていた理由と比較させる。違う夢をもつグループでも，その仕事に就きたい理由を出し合い，違う夢でもよく似た内容の理由があることに気づかせる。

　他の児童の理由を聞きながら自分の理由が固まった後に，英語にしたり，発表に使うスライドショーを作成したりする。この場合にもグループで協力して作成していく。これにより，どの児童も英語の発表の準備をすることができる。また，練習の時，タブレットで発表の様子を録画して他の児童と見せ合いながら，客観的な自分の姿を確認させる。そして，発表に向けて改善させる。

2 活動のポイント

　グループで協力して活動させることで，教師一人では十分に指導できないことも，児童同士で補うことができる。教師は，グループを作成する際，児童の人間関係などに十分に配慮し，児童がより効果的にグループ活動を進めることができるようにする必要がある。

3 活動例（第6・7時／全8時間）
"I have a dream."

①挨拶（2分）

②今日のめあて（3分）

めあて「将来の夢の発表の準備をしよう」を全員で確認させる。

③教師のデモンストレーションを見る（5分）

将来の夢のモデル発表を教師が行い，児童に発表のイメージをもたせる。児童はその様子をタブレットで録画し，練習用のビデオとして個別学習の時に視聴させる。

例：Hello. My name is Tanaka Ren. I have a dream. I want to be a singer. I like singing. Thank you.

④発表の準備をする（30分）　　　　　　　　　　　　　　→活動(1)

○グループ活動を始めるにあたって，教師はその目的と具体的な活動を説明する。目的は，グループで助け合って，全員が発表できるように準備をすることである。具体的には，その仕事を選んだ理由をどのように英語で表現するかを全員で考え，少しでも他の児童に理解させることが主な活動になる。

○仕事を選んだ理由をグループで出し合い，自分が考えていた理由を再考させる。その後，友達と協力し，教師の支援を受けて英語のセリフを作らせる。セリフの練習もグループでさせる。

○発表の際のスライドショーをグループで協力して作成させる。スライドショーには，発表原稿をキャプションとして入れさせる。英文入力については，教師の支援を受けながら，正しく入力させる。発表の練習もグループでさせる。

⑤振り返り（5分）

今日のめあてについて全体で振り返りをさせる。グループ活動で感じたことなどを振り返りシートに記入させる。

11 私のヒーローに ピッタリの表現を探そう

☐ 個別最適な学び
☑ 協働的な学び
☐ 個別最適な学びと協働的な学び

1 活動の概要

(1)ピッタリの言葉を探す活動

小学校英語において，自分の思いを表現することは言語活動充実のためには重要である。しかし，英語の場合は語彙が少ないため，意味もなく "It's nice!" といつでもどこでも使って終わる児童もいる。その状況を打破するために，まず多様な英語表現に触れ，どれが自分の考えに近いかを選択させる機会を作る。そこで，自分で考えた英語を表現し，それについて他の人からコメントをもらう。そのコメントの表現を参考にして，自分の考えにピッタリと合う表現を見つけるようにする。

(2)タブレット等を使った活動

自分のヒーローを紹介するために，写真のスライドや動画等を使ったものを作成する。グループ内でプレゼンテーションを行った後，その場で感想を伝えてもらい，Google Classroom でスライドを共有し，英語でコメントをもらう。

2 活動のポイント

英語でのコメントが難しい児童もいるので，感情表現の日本語 - 英語訳対応の表などを渡しておく。初めは書き写して入力したり，コピー＆ペーストしたりすることから始める。また，個別最適な活動とするためにも，コメントはデータでの入力だけではなく紙に手書きしてもよいこととする。常に書くことで，文字を書く習慣を身につけることが大切である。

3 活動例（第4時／全8時間）
"He is my hero！"

①挨拶（4分）

②スモールトーク（7分）　　　　　　　　　　　　　　→活動(1)

　担任が ALT に，タブレットで写真等を見せながら，自分のヒーローを紹介する（例："This is ○○．He is my hero．He is very handsome!"）。その後，ALT が "Oh, nice! He is very cool!" と感想を伝え，担任は "Cool? How do you spell it?" と尋ねる。ALT は，"c-o-o-l" と返答する。担任は ALT に cool の意味を尋ねたり，その場でインターネットを活用して調べたりする。その後，cool が自分の考えに合うと全体に伝え，写真に "He is very cool!" と挿入する。

③授業及び単元の流れを共有する（7分）

　写真を端末等で児童に見せながら，"This is my hero. Who is your hero?" とやり取りを行う。その際，ALT に "What do you think of her?" と尋ね，"She is cute." "She is wonderful." といった表現に触れるようにする。その後，「自分のヒーローにピッタリの表現を探して，写真に文字を入れよう」という活動の確認をする。

④自分のヒーローにピッタリの表現を考える（15分）

　グループになり，写真を使ってヒーローの紹介をし合う。紹介した後，発表者に対して "She／He is …." とコメントを伝える。発表後，自分の発表を振り返り，他の友達からのコメントと自分が話した内容とを比較し，ヒーローを適切に表す表現はどれかを考える。その後，グループを替えて，新しい表現を使ってヒーローを紹介し，相手の反応を確認する。

⑤写真に文字を入れる（7分）　　　　　　　　　　　　→活動(2)

　活動を振り返り，写真のスライドに "She／He is …." と適切な文を入力する。そして，Google Classroom にアップし，お互いにコメントをし合う。

⑥振り返り（5分）

12 Our town is nice !

5　年　技能統合
□個別最適な学び
☑協働的な学び
□個別最適な学びと協働的な学び

1　活動の概要

---

(1)協働的に考え，探究しながら取り組む活動

　自分たちの良さは，意識しないと見えてこないところがある。そこで，自分たちの町を動画で紹介する目標を設定し，良さを改めて見なおすことができるようにする。協働的に意見を出し合うとともに，役割分担を行って個性を発揮しながら探究的な活動ができるようにする。

(2)Flip（旧称：Flipgrid）を使った活動

　自分たちの町の良さを発表するプレゼンテーションを，Flip に投稿する。写真や背景を工夫したり BGM をつけたりして，見ている人の興味を引くようにする。「英語でタイトルや一言書き加えてもよい」「英語でのカンペだったら付箋機能を使ってもよい」とすると，「書くこと」や「読むこと」の活動にもつなげることができる。

2　活動のポイント

　「孤立した学び」にならないように，役割分担をしてから作業するのではなく，グループでの活動と役割分担した活動とを往還させることに留意する。具体的には，まずグループ内で一人一人が町の良さを発表し，それを踏まえてグループで何を発表するか精査する。その後，作業を分担し，それぞれが自分の興味に合わせて調べ，協働的に意見を出し合い，これを短いサイクルで何度も行って，探究のサイクルが回るようにする。そして，最終的にどのような発表になるかをイメージさせることが大切である。

84

3 活動例（第1時／全8時間）
"I love my town."

①挨拶（4分）

②スモールトーク（25分）　　　　　　　　　　　　　→活動(2)

　担任が ALT に，校区内の食堂の写真を複数枚見せる。"Do you know this restaurant?" などとやり取りをして，児童が写真の場所や状況を理解できるようにする。その後，Flip にアクセスし，実際に食事をした際の感想を撮影した動画を ALT に紹介する（留意点：店内で撮影する場合は，必ず許可を得る）。ALT は動画を見た後，♡（ハートボタン）をクリックしたり "Good！" といったコメントを残したりする。次に ALT が自分の町の写真を見せて，簡単に町紹介をする。その後，Flip にアクセスし，1枚の風景写真に関する動画を担任に紹介する。担任は ALT と同様に♡（ハートボタン）をクリックしたり，"Nice！" とコメントを残したりする。その後，児童の端末に Flip のリンクを共有し，反応を返したり，コメントしたりする時間を確保する。Flip は，動画をコメントとして投稿することもできる機能があることも紹介する。

【風景を紹介する Flip の画面例】

③単元の流れを共有する（5分）

　自分たちの町の良さを紹介するゴールを児童と共有する。紹介する相手は隣のクラスや保護者であるが，時にはインターネットの共有機能を活かして，近隣の学校，他県の学校も考えられる。児童の実態に応じて相手を設定する。

④紹介する場所を決める（6分）　　　　　　　　　　　→活動(1)

　町のどこを紹介するかを個人で考える。その際，グループでいつ見せ合うかを確認し，発表方法は個に応じて対面でも動画共有でもよいことにする。

⑤振り返り（5分）

13 目的をもって聞き，工夫して考えよう

☐個別最適な学び
☐協働的な学び
☑個別最適な学びと協働的な学び

1 活動の概要

(1)ICT を使用したスリーヒントクイズによる，聞く必然性を高める活動

「先生のお気に入りのもの」に関するスリーヒントクイズを聞かせて，活動のモデルを全体で共有する。Canva や Microsoft PowerPoint 等を使用し，ヒントを音声で聞かせ，考えさせる。答えについては画像やイラストとともに示す。

(2)スリーヒントクイズのヒントを工夫して考える活動

児童は，何をヒントにしたらよいかを既習の表現を用いて工夫して考える。最終的には，Canva のトーキングプレゼンテーションの機能を使い，録音した自分のクイズの音声とともに，適切なタイミングで答えを提示する。クイズは Canva 上に保存され，共同で閲覧することができ，互いについてもっとよく知る機会になる。また，友達のプレゼンテーションを見て，よいところを真似ることができる。

2 活動のポイント

音声を保存しておくことで，理解度に応じて複数回聞いたり，練習の際に手本として活用したりすることができ，「個別最適な学び」となる。さらに，Canva において共同編集をすると，内容面でも相互理解を深めることができ，「協働的な学び」となることも期待できる。また，「個別最適な学び」と「協働的な学び」とをスパイラルに取り入れることで，知識や技能を向上させることができる。

3 活動例（第3時 / 全5時間）
"What's this?"　友達のお気に入りは何？デジタルクイズブックをつくろう

①挨拶（3分）

②スリーヒントクイズ（8分）　　　　　　　　　　　　　　　→活動(1)

　担任と ALT によって活動のモデルを示す。ヒントの提示の仕方は，音声を中心とし，慣れ親しみのある語彙や表現の音声をもとに考えさせる。

　　例：HRT: Hello. Today, I'll introduce my favorite things.

　　　　　　　Please guess what this is？ I'll give you three hints.

　　　　ALT: OK. What's this?（示されたシルエットを指さしながら）

　　　　HRT: Hint 1. It's white. Hint 2. It's small. Hint 3. It has long ears.

　　　　ALT: Long ears .... It's a rabbit!

　　　　HRT: That's right. This is a picture of my favorite pet. It's very

　　　　　　　cute.

　　　　　　　How about you? Please tell me.（児童にも問いかける）

③学校の先生のお気に入りクイズ（12分）

　ロイロノート・スクールなどのテスト機能を使用する。児童は②の教師の例を参考にしながら，複数教員のクイズを個別に聞いて考える。クイズで使用する語彙や表現は，既習のものを主に扱うようにし，既習以外にはカタカナ英語になっているものや慣れ親しみのあるものを使う。What's this? ― It's .... を基本文型とし，児童が自分のクイズを作る際に使うようにする。

④クイズを考え，デジタルクイズブックを作る（17分）　　　→活動(2)

　自分のお気に入りのもの（クイズの答えになるもの）については，実物の写真を撮ってもよいこととする。ヒントを3つ考え，音声で録音しておく。録音しておくと，見直して改善したり，教師から適宜アドバイスを受けたりしながら作成することができる。

⑤振り返り（5分）

　Canva の共同編集機能を使用し，児童相互に感想やコメントをさせる。

14 よく聞き，よく見て，文字に慣れ親しもう

1 活動の概要

⑴互いのメニューを紹介し合い，メニューブックを作る活動

ロイロノート・スクールや Canva, Microsoft PowerPoint 等に，教師が事前に用意したテンプレートと単語カード（絵と文字が記されたもの）を使用する。ペアの相手に自分の好きなメニューのカードを送り合い，自分のメニューについて読んで紹介する。相手の児童は，紹介されている内容を聞き取り，先に示したアプリ上にあるワードリストから，該当する単語カードを選び，メニューを完成させる。

⑵同じ音で始まるワードリストを作る活動

教師の発音するアルファベットの音を聞いて，その文字で始まる単語を考えて言う活動である。事前に ALT に録音させ，児童はその音声を必要に応じて何度も聞く。理解度に応じて，友達と相談しながら答えるようにする。最終的には，クラス人数分のワードリストを完成させ，ポスターなどにして教室に貼って興味をもたせることもできる。

2 活動のポイント

友達との協働的な活動を楽しみながら，音声と文字の一致をさせる。ワードリストを作る際には，児童が自分の理解度に応じて，「個別最適な学び」となるように支援を行う。既習単語や日本語にもなっている英語なども考えさせて，全員が提示できるようにする。同じ単語が多く出ないように，様々なツールを使用してもよいことにする。

3 活動例（第7時／全8時間）

"What would you like?" オリジナルメニューブックを作ろう

①挨拶（4分）

②食べ物カルタ（8分）

グループで文字入りの絵カードを2セット用意する。親を決め，親はカードの山から周りに見えないように1枚取る。親以外の児童は，親に "What would you like?" と質問し，親はその質問に対して "I would like（引いたカードの食べ物)." と答える。親の答えを聞き，他の児童は答えとなるカードを取る。親は順番に全員がなるようにする。既習表現や単語をゲームの中で復習する。

③オリジナルメニューブックを作る（15分） →活動(1)

ロイロノート・スクールや Canva，PowerPoint のテンプレートに，誰のためのメニューかを児童が記入しておく。それをペアの友達と送り合い，手元には相手のテンプレートがある状態にして，互いの考えたメニューを聞き合う。

例：This is for my mother. This is salad. This is a sandwich. This is a banana. This is healthy lunch.

下線部の部分をしっかり聞き取り，該当する単語カードを選ぶ。聞き取った単語カードを相手から送られたテンプレートに貼り付け，メニューを完成させる。

④同じ音で始まるワードリストを作る（13分） →活動(2)

例：What would begin with this sound? [k] ── cup, cat, cook.

これまでに慣れ親しみを深めてきた，単語の知識を生かして取り組む。児童は，まずどのような音かよく聞いて理解する。その後，音声録音機能を使用して思いついた単語を録音して提出する。提出されたものを児童全員で確認する。これにより，グループやペア以外の友達の考えも共有できる。

⑤振り返り（5分）

15 時刻を尋ねたり答えたりする 言い方に慣れよう

1　活動の概要

(1)タブレット等を使った活動

　Microsoft Teams 等を活用して個別に端末を使って活動させる。ビデオは ALT と作成する。時刻の尋ね方と答え方の練習ビデオでは,「基礎コース」で扱う時刻の分針は, 0, 5, 10……55分と5分刻みにする。「応用コース」は, 0分～10分とそれ以外ランダムに時刻を提示する。どちらのコースにも, a.m. か p.m. を付け加える。（例）Q: What time is it?　A: It's 10:45 a.m.

(2)Microsoft Teams 等を使った活動

　子供たちが直接英語で時刻を尋ねる機会として Teams 等を活用する。実際に海外に住む人や日本に住んでいる外国の人に現地の時刻を尋ねさせる。

　例：What time is it in your country?

　また, iPad の Siri が使える場合には, 海外の都市の時刻を尋ねさせることもできる。

　例：What time is it in London?

　グループの活動になるので, 時刻を尋ねる際には, 全員で声を合わせて時刻を尋ねさせる。

2　活動のポイント

　Teams 等を活用したビデオ交流は, 学校外の人と直接会話できるので便利である。時間内に効率よく交流活動を続けるには, 指導する教師の数を確保する。ALT と ICT に詳しい先生はメンバーにするとスムーズである。

3 活動例（第3時／全4時間）
"What time is it?"

①挨拶（2分）

②Let's Chant（2分）

　♪ What time is it? を全員で歌う。

③今日のめあて（2分）

　めあて「時刻を尋ねよう」を全員で確認する。

④時刻の言い方に慣れる（6分）　　　　　　　　　　　　　→活動(1)

　各自の Teams 等に配信された(1) 1 〜60までの数の言い方をビデオを視聴しながら復習させる。ビデオは1〜20，21〜40，41〜60の3種類の中から各自に選ばせる。(2)時刻の尋ね方と答え方をビデオを視聴して練習させる。ビデオは，「基礎コース」と「応用コース」を用意し，各自に選択させて繰り返し練習させる。

　ビデオでの練習後，時刻の尋ね方と答え方を全員で確認する。

⑤時刻を尋ねる（30分）　　　　　　　　　　　　　　　　→活動(2)

　Teams 等で接続された様々な国の人に直接今の時刻を尋ね，聞き取った時刻を記録用紙に記入させる。Teams 等では，例えばロンドン，オーストラリア，台湾，ニューヨークなどと教室とを結ぶ。それぞれの国のブースを教室内に設置して，子供たちは小グループに分かれて各ブースを回り，時刻を聞いて記録をさせる。尋ね終わったら，結果を発表し，気づいたことを話し合わせる。これを行う場合には，事前に相手側と十分に打ち合わせをしておく必要がある。

　Teams 等での交流が難しい場合には，iPad を使っている場合は，Siri で各地の現在時刻を尋ねさせることもできる。グループでできない場合には，教師の iPad を使って代表の子供に尋ねさせる。

⑥振り返り（3分）

　今日のめあてについて振り返る。

16 学校内の好きな場所を紹介しよう

1　活動の概要

(1)タブレット等を使った活動

　ロイロノート・スクールを活用して個別に端末を使って活動させる。教師はモデルとなるビデオを ALT と作成する。ビデオで録画する場所は，事前に児童にアンケートをとり把握しておく。児童は自分が紹介する場所のビデオを視聴し，繰り返し話す練習をさせる。言い慣れたら他の場所も視聴させる。

(2)Microsoft Teams 等を使った活動

　児童が直接英語で学校内の好きな場所を発表する機会として Microsoft Teams 等を活用させる。交流相手は，国内の同学年の児童で，同じ単元を学習している学校とする。児童はグループごとに Teams 等を接続したタブレットをもち，好きな教室などをライブで紹介して回らせる。教師は，事前に Wi-Fi の接続状況を確認し，接続できないところを選んだ児童には，写真を使って説明することを伝えておく。また，校内移動のライブ交流ができない場合は，教室でグループごとに Teams 等を接続させて，交流相手の児童に紹介させる。これも難しい場合には，発表の様子をビデオに撮って交流校に送る。

2　活動のポイント

　教師は事前に，接続テストを交流校と行い，児童が楽しく交流できるような環境を整えておく。交流相手校を近隣の学校にすると，打ち合わせなども直接会ってできるので，スムーズな交流が可能になる。

3 活動例（第4時／全4時間）
"This is my favorite place."

①挨拶（2分）

②今日のめあて（3分）

　めあて「学校内の好きな場所を紹介しよう」を全員で確認させる。

③紹介する場所の言い方に慣れる（5分）　　　　　　　→活動(1)

　各自のロイロノート・スクールに配信された部屋の紹介のビデオから，自分が紹介する部屋の部分を選んで視聴し練習させる。

　例：This is the music room. I like singing.

④学校内の好きな場所を紹介しよう（30分）　　　　　　→活動(2)

　Teams 等で接続した国内の小学校の同学年の児童に対して，学校内の好きな場所を紹介させる。児童は小グループに分かれ，各グループに自己紹介や "How's the weather today?" など既習の表現を使って簡単に挨拶させる。その後，接続した端末を使って，学校内の好きな場所を順にライブで紹介させる。移動中は，マイクをミュートにさせる。Wi-Fi の接続状況が悪い場所の紹介については，最後に教室で発表者が撮ってきた写真を見せながら紹介させる。一通り終わった段階で，相手校が紹介を始める。グループで視聴している間もマイクをミュートにさせる。最後に全員集合して，感想を出し合わせる。

　この授業では様々な学校と交流することができる。児童の状況にもよるが，近隣の小学校や中学校，他の国の小学校などが考えられる。また，同じ学校の他学年の児童と「校内の好きな場所」についても交流するとおもしろい。学校によっては，4年は隣の小学校，5年は他市，他県の小学校，6年では海外の学校などとカリキュラム・マネジメントを組織的に組むと楽しい。

⑤振り返り（5分）

　今日のめあてについて振り返りをさせる。交流して感じたことや，5年生に向けての希望などを振り返りシートに記入させる。

17 感謝の気持ちを届けよう

1 活動の概要

(1)目的を明確にする活動

「書くこと」や「話すこと」のアウトプット活動は，誰に何を伝えるかという目的及び場面設定が鍵を握る。アルファベットをひたすら何度も書くドリル練習や，相手がいない自己紹介では意欲は高まらない。本単元では，中学校で入りたい部活動名を書くことをゴールとする。実際に書く前に，部活動について知りたいことを中学生に質問して答えてもらう活動を設定することで，自分の入りたい部活動を相手に伝える意味が生まれる。事前に中学校とライブで交流して，教えてもらうこともできる。

(2)手紙を書く活動，ライブで交流する活動

教員同士の小中連携も重要だが，学習者同士の小中連携は学習意欲向上に非常によい影響がある。「あんなふうに話すことができるようになりたい」という憧れの醸成につながるからである。また，中学生にとって，小学生のために何かするという状況は誇りになる。そこで，小学生が質問したことに中学生が答えるという場面を設定する。中学生との交流には様々なアプリケーションを用いて，ライブで交流することもできる。

2 活動のポイント

「書くこと」は「話すこと」より間違いが明らかになるため，児童にとってはハードルが高い。そこで，誰に何のために書くのかといった目的意識をしっかりもつことができる場面設定を行い，焦点化して興味をもって書く活動を取り入れる。

3 活動例（第7時／全8時間）
"My Junior High School Life"

①挨拶（4分）

②中学生から届いた動画視聴（20分）　　　　　　　　　　→活動(2)

　第1時では，中学校の先生から届いた動画（部活動の種類の紹介）を見て，児童それぞれが興味のある部活動名と質問を送付した。その質問に対して，各部に所属している生徒が英語で答えた動画が届き，それを視聴する。中学生には，動画と合わせて簡単な手書きのメッセージを添付することを依頼しておく。視聴前に，手書きメッセージを紹介するとともに，質問に対する答えを予想しながら視聴すると，英語のキーワードを拾ったり，概要を捉えたりしやすくなる。中学生が英語で話した内容については，児童の実態に応じて，やり取りや補足をして理解できるようにする。また，事前にキーワードを「個別最適な学び」で学習させておくこともできる。

③手紙で自分の気持ちを伝える（15分）　　　　　　　　　→活動(1)

　内容理解の後，中学生の話した英語について感想を聞き，英語力の高さを認めるとともに，「自分たちの英語力でできることをしよう！」と投げかけ，手紙を書くことを提案する。場合によっては，動画作成について児童から提案されることも考えられるが，中学生から手書きメッセージをもらっていることを重視し，動画の作成に合わせて手紙を書くこととする。手紙のフォーマットはいくつか紹介しておき，インターネットも活用し，ALTや友達に尋ねながら協働的に取り組み，自分の思いを表現できるようにする。

④手紙の確認（6分）

　「中学生へ感謝を伝える」目的を再度確認し，その考えをしっかり伝えるために，ペアやグループでスペルミスがないかを協働的にチェックする時間を作る。その際，英語表記のポイント（例：「大文字と小文字」「語と語のスペース」など）について児童から出してもらい，小学校の「書くこと」で押さえるべきポイントを確認する。

18 劇的！ビフォーアフター

1　活動の概要

(1)長期的な学びを踏まえた活動

　学期末のパフォーマンス評価として行う。その際，新たな課題ではなく，学期中に取り組んだことを生かす。そのために，題材や表現とともに，作成したポスターやスライドを再活用できる課題とする。

(2)タブレット等を使った活動

　パフォーマンス評価が本番の一回勝負に終わることなく，事前に中間評価を取り入れた探究のサイクルとなるようにする。実際にパフォーマンスを対面で一度行い，その際の動画を撮影してGoogle ClassroomやFlip等で共有し，非同期でもお互いにコメントできるようにする。動画の共有は，教師にとっても児童の状況に合わせた「指導の個別化」の機会となる。

2　活動のポイント

　パフォーマンス評価の課題については，扱う内容等は各単元と同様でよいが，伝える相手を再設定する。相手に変化をもたせることで，どのように伝えるかを児童が思考することとなる。その際，各単元で書いた振り返りを各自で確認して改善の流れを認識させることが重要である。また，可能であれば他のクラスや6年生とも動画を共有してコメントを求めるなど，クラウドの良さを生かすことが考えられる。他のクラス等からのコメントは嬉しく，「英語を読む」意欲喚起にもつながる。場合によっては，児童の発表を自宅でも見られるようにすると，家庭での授業に対する理解も増すことになる。

---

3 活動例（第1時／全3時間）
2学期の学びをパワーアップさせて発揮しよう！

---

①挨拶（4分）

②単元の流れを共有する（7分）　　　　　　　　　　　　　　　→活動(1)

　2学期の各単元で児童が作成した成果物等を見せながら，これまでに行った活動と学んだ表現を振り返る。そして，パフォーマンス評価の課題を示し，学んだ表現をどのように活用できるかについて共有する（課題例：外国の友達に，日本の学校を知らせるために，思い出に残っている授業や学校行事を，絵本等を使って紹介する）。

　少しでも児童の英語の力が向上していることを意識させるために，教師は前の状況と今とを映像や作品で比較して，向上の度合いを褒めることで次につながる。

③中間評価を含めた言語活動に取り組む（25分）　　　　　　　　→活動(2)

　グループになり，各単元の振り返りを踏まえて，作成した成果物や学んだ表現を使って一人一人が試行する。その後，他の児童と感想を伝え合い，よりよくなるようにアドバイスを行う。アドバイス等を教師が確認し，多くの児童の目標達成につながるものは全員で共有する。後半は，グループ内でお互いに動画を撮影し，クラウドで共有する。そして，自分が工夫改善した点を日本語でコメントする。

④コメント記入（4分）　　　　　　　　　　　　　　　　　　　→活動(2)

　共有された友達の動画及び工夫改善したことについて，英語で反応を書き込む。ただし，具体的なアドバイスについては日本語で記入してもよいこととする。また，時間があれば，他のグループに対してコメントする。

⑤振り返り（5分）

　クラス内の他の児童の動画にコメントを書き込むとともに，自分の動画へのコメントを読んで，アドバイスを踏まえた動画の改善案を考える家庭学習を出す。

the sixth chapter

中学校
「個別最適な学び」と
「協働的な学び」を
実現する授業アイデア

1　聞き取った場面を想像してみよう

1　活動の概要

⑴タブレット等で個別に聞き取らせる活動

　教科書にある QR コードを生徒各自に読み取らせ，学習する本文の音声を個別で聞かせる。その後，Google フォーム等で，「どのような場面であったか」「○○さんの好きなものは何か」などの確認クイズを行う。確認クイズは２種類を用意し，基本編は選択式の基本的な内容で５Ｗ１Ｈを尋ねるもの，発展編は記述式で会話の続きを想像したり，登場人物の気持ちを察したりする内容にする。生徒はまず基本編から始め，できたら発展編に取りかかる。確認のために再度聞いたり，スピードを変えて聞き取ったりするなど，生徒自身で反復学習を行いながら，学習を進める。教師は生徒の進捗状況を端末で確認しながら，個別の指導を行う。

⑵習熟度別ワークシートを使った活動

　本文の語句や表現を（　　　）にしたワークシートを用意し，ディクテーションさせる。聞き取って書き入れる単語の数や表現の難易度が異なる３種類のものを用意し，生徒に選ばせたり，教師が指定したりして取り組ませる。

2　活動のポイント

　聞くことが苦手な生徒には，端末上でスピードを変える，音声を止めながら聞く，単語のみを聞き取る等，生徒に応じた個別の指導を行う。聞き取りが難しい生徒には，音声に沿って英文を指でなぞらせて，音と文字とを一致させる指導をする。

3　活動例（第3時／全6時間）
三人称単数現在形

---

①挨拶（2分）

②スモールトーク（5分）

　大型モニターで写真を見せながら，"Who is he?" と尋ね，生徒たちに答えさせる。教師はその写真の人物について，"Yes. He is Shohei. He likes baseball very much. He plays it in the U.S." と2文程度付け加える。教師のモデルに従い，ペアで大型モニターに映し出される人物についての会話を行う。ペアでできるだけ長く会話を続けるように指導する。

③新出単語の音読と意味の確認（5分）

　大型モニターで新出単語の音読と意味の確認（日本語 or 英語）を行う。

④本文の聞き取り活動（15分）　　　　　　　　　　　　　　　　→活動(1)

　生徒に教科書のQRコードを端末で読み取らせ，各自で本文を聞き取らせる。聞き取った内容について，Google フォーム等で選択式の確認クイズ（基礎編）に取り組ませる。基礎編を提出した後，発展編の確認クイズに取り組ませる。教師は生徒の進捗状況を端末で確認しながら，個別に指導する。

⑤ディクテーション活動（10分）　　　　　　　　　　　　　　　→活動(2)

　本文の一部分を（　　）にしたワークシートを用意する。ワークシートは，（　　）の数や表現の難易度が異なる3種類を用意する。生徒の希望でどのワークシートにするかを決めさせる。各自でQRコードを使い，本文を聞きながら，（　　）に聞き取った単語を書き込ませる。ディクテーションが終わった生徒には，本文の音読をさせる。

⑥文法確認（5分）

　Microsoft PowerPoint を使い，三人称単数現在形について確認する。

⑦まとめと振り返り（8分）

　本時で学んだ表現を使い，生徒各自に簡単な英文を作らせ，数人に発表させる。

2 なりきりステップアップ・リーディングをしよう

2　年　読むこと
☑個別最適な学び
□協働的な学び
□個別最適な学びと協働的な学び

1　活動の概要

---

(1)なりきりステップアップ・リーディングの活動

　ステップ１（教科書の英文音読），ステップ２（目標を決めて読む），ステップ３（ある人物になりきって読む）の３種類のワークシートを準備する。それぞれのステップを生徒個々で練習し，できた時点で教師に聞いてもらう。教師からの確認やアドバイスをもらいながら，自分のペースで音読練習する。ステップ１は与えられた英文が音読できるレベル，ステップ２は自分で目標（例えば，リンキングやイントネーションなど）を決め，それが達成できるレベルとする。ステップ３は，本文をある人物（例えば，アナウンサーやロボット）になりきり，読めるレベルとする。

(2)タブレット等を使用した録音あるいは録画

　授業の終わりに，音読を録音させる。録音させる際には，生徒自身が進んだステップを申告させ，意識的に音読するように伝える。録音は，Google Classroom 等に提出させる。授業内に，納得できる録音ができなかった場合には期限を決め，再提出できるようにする。

2　活動のポイント

　音読練習は，個人差が出やすいため，個別で読ませることが望ましい。タブレット等を使用しながら個々に音読練習を行い，その成果を教師に確認してもらうと徐々に音読が上達し，さらに上のレベルを目指すようになる。音読のスピードの最終目標は１分間に150語程度とする。

---

3 活動例（第4時 / 全6時間）
職場体験

---

①挨拶（2分）

②本文の内容把握（8分）

　教師は本文の場面や内容についてのサマリーを聞かせる。日本語訳はせず，要点のみを伝えていく。

③**教科書の本文の音読練習（25分）**　　　　　　　　　　　　　**→活動⑴**

　ワークシート3枚を Google Classroom 等で配付する。ステップ1のワークシートには本文が書かれている。ステップ2のワークシートには，本文と自分の目標を申告する欄を，ステップ3には，本文と「なりきる人」を申告する欄を用意しておく。

　タブレット等で教科書のQRコードを読み取らせ，生徒各自のペースで英語を聞き，音読練習を行わせる。シャドーイング，分からない単語のみ音声で確認するなど，生徒の学習しやすい方法で音読練習を行わせる。教師は，生徒の様子を見ながら，個別に指導や支援をする。生徒は，納得する音読ができた時点で，教師に読んで聞かせ，確認してもらう。

　正しい音読ができていれば，ステップ2のワークシートに進む。ここでは音読の目標を自分で決め，ワークシートに書き，その目標を意識しながら音読練習を続ける。目標の例として，リンキングやイントネーション，モデルと同じ速さ，thやvの発音などを挙げておく。ステップ2の目標を達成した時点で，教師に聞いてもらう。そして，ステップ3に進む。ステップ3では，なりきる人物を決め，その人が読んでいるかのように音読練習をさせる。

④**音読の録音と提出（10分）**　　　　　　　　　　　　　　　　**→活動⑵**

　生徒に進んだステップを申告させる。次に音読を録音させ，そのデータをGoogle Classroom 等に提出させる。期日を決め，再提出も可能とする。

⑤**振り返り（5分）**

　工夫したところや努力したところ，次に頑張りたいところを記述させる。

3 グループディスカッションをしよう

1 活動の概要

(1)自分の意見とその理由を伝える活動

隣の座席の生徒とペアを組み，身近なテーマ（例：Please recommend me about your favorite convenience store.）で自分の意見とその理由を伝える対話を行わせる。理由を伴った一文（例：I like LAWSON the best because I like Premium roll cake.）で相手の生徒に伝える。テーマはスライドで複数示し，ルーレット等で決めたテーマについてやり取りさせる。

(2)グループディスカッションをする活動

テーマ「学校に新たに必要な施設」を提示し，各自でA～Cのレベルを設定し，テーマに沿って考えさせる。レベルの最も易しいAから，最も難しいCまで3つ設定する。Aは，自分に必要な施設とその理由を伝え，Bは，学校の生徒対象アンケートを根拠として，自分たちに必要な施設とその理由を伝える。Cは，Bに加え，どれに賛成か伝える。生徒にレベルを選ばせ，1グループにつき4～5人の生徒となるようにする。ディスカッションはタブレット端末で録画し，Google Classroom で提出させる。

2 活動のポイント

どの生徒にも，自分の意見とその理由をグループの中で伝えられたことに自信をもたせる。グループ全員に発言させるために，レベルA，Bでは，発言の順を座席順に時計回りで指定する。レベルBやCで使う生徒対象のアンケートは，事前に Mentimeter で投票させ，本物のデータを使う。

3 活動例（第1時／全2時間）
ディスカッションをしよう！

①挨拶（4分）

②ペアでチャット（6分）　　　　　　　　　　　　　　　　→活動(1)

テーマを複数提示し，ルーレットで決めたテーマについて教師がデモンストレーションを示す。

例：The topic is about my favorite convenience store. I like sweets. I like LAWSON the best because I like Premium roll cake. Do you know it? It has more cream than a typical roll cake.

このように，自分の意見とその理由を伝えることを理解させてから，隣の座席の生徒とやり取りを始めさせる。2人とも伝え終えた後，ランダムに指名し，ルーレットで決めたテーマで全体の前で即興のやり取りをさせる。

③グループディスカッション（15分）　　　　　　　　　　→活動(2)

希望するディスカッションのレベル（A, B, C）に分かれて，4〜5人でグループを組ませる。次に，役割分担（例えば司会者，録画のタブレット設置係など）を決めさせる。そして，自分の意見と理由を考えさせる。発言するための簡単なメモを書かせる時間を3分間程度与える。その後，ディスカッションを5分間行う。

④ディスカッション2回目（8分）　　　　　　　　　　　　→活動(2)

メンバーを入れ替えて2回目のディスカッションを行う。

⑤発表をする（10分）

A〜Cのグループごとに発表させる。メンバーは，各レベルの中からランダムに指名し，全体の前で即興のやり取りをさせる。

⑥振り返り（5分）

録画を提出させる。グループで話し合う上で，うまくいったところや，難しかったところを出し合い，どうすればさらによくなるのか考えさせる。

⑦終わりの挨拶（2分）

4　場面や状況を伝えよう

1　活動の概要

⑴写真を描写する活動

Google Classroom 等のプラットフォームを使って，生徒の学校生活の様子が分かる写真を２枚送る。生徒は送られた写真を開き，５Ｗ１Ｈに留意しながら自分で立てた目標（語句レベル，文レベル，文章レベル）に応じて表現を考える。次に生徒数名を当てて，２枚の写真の内，自分の発表したい１枚を選び，生徒自身の目標に合わせた発表をさせる。様々な写真を使って帯活動として繰り返し，一人一人自分に合った表現の仕方に慣れさせる。

⑵動画を解説する活動

学校生活を撮影した40秒程度のショート動画を提示する。隣の席の生徒とペアを組み，動画の前半・後半を分担して解説させる。動画の展開に合わせて解説を進めるために，動画に合わせて自分のペースで繰り返し練習させる。タブレットのボイスレコーダーに録音し，自分の音声を確認させる。字幕スーパーを入れることもできる。

2　活動のポイント

提示する写真や動画は，行事や掃除など，動作が明確なものを扱う。自分一人で描写することが難しい生徒には，"Who is this boy?" "Is he playing tennis?" など，教師からの質問に答えさせながら進める。特に動画の解説では，現在進行形の表現に慣れさせることを目的としているので，"What is he/ she doing?" と教師から意識的に尋ねる。

106

3　活動例（第5時／全8時間）
学校生活を紹介しよう（現在進行形）

①挨拶，写真で一言（8分）

　人物や動物の写真を2枚提示し，吹き出しに合うセリフ（"I'm sleepy." "Bad dream …."等）を考えさせる。隣の座席の生徒とペアを組み，一言ずつ発表させる。5名ほど指名し，いずれか1枚を全体に発表させる。

②写真を描写（8分）　　　　　　　　　　　　　　　　→活動(1)

　生徒がリコーダーを吹いている写真と走っている写真を送信し，1枚を選び描写させる。

　例：Look at this picture. This is my friend, Kenta. He is in the music room. He is playing the alto recorder. It is difficult, but he can play it very well.

③教科書本文（アメリカの学校生活に関する単元）の音読（6分）

④他国（トルコ）の学校生活に関する文章の音読（6分）

　異文化理解をさらに深めるために，他国の学校生活についての紹介文を示す（他国の教員に依頼）。本文と音声は，事前に Google Classroom 等を通じて送り，自宅で生徒が自分のペースで予習できるようにする。

⑤内容理解クイズ（6分）

　内容に関する3つの問いに答えたり，日本の学校との共通点や相違点を考えさせたりする。ペアで2分間考えさせてから全体で確認する。自分たちと比較したり関連づけたりするよう "How about you?" と尋ね，答えさせる。

　例：How many lessons do they have in Turkey? How about you? What is different? What is similar?

⑥自分たちの学校生活の動画解説（16分）　　　　　　　→活動(2)

　学校生活の動画を見て，ペアでそれぞれ前半部分と後半部分に分かれて動画の解説を考えて練習させる。発表の内容やレベルは，生徒それぞれの技能に任せ，可能なペアから発表させる。

5　メールを書こう

1　活動の概要

(1)タブレット等を使った活動

　生徒の習熟度に合わせて，生徒が個別にコピーイング（書かれたものを写す活動）や空所補充，オリジナルの文章作成など，書かせる活動を普段から行うことで，生徒が書くことに慣れる環境を作る。

　生徒がメールアドレスをもっている場合は，そのメールアドレスにメールを送信し，返信させる。メールアドレスがない場合は，Microsoft Word などの文書作成ソフトウェアで作成したワークシートを共有フォルダに保存しておき，生徒に返信の文章を作成させ，提出用フォルダに保存させる。

(2)振り返りの活動（グループによる推敲も可能）

　書かせた後，提出前に内容面や言語面の振り返りをさせる。内容面では，メールの質問に適切に回答しているかを確認させる。言語面については，メールや文書作成ソフトウェアファイルにあるスペルチェックや文書校正機能を活用し，個人で振り返る時間を設定する。この活動で，知識・技能の定着を図るとともに，生徒が自律した学習を行うことができるようにする。

2　活動のポイント

　「書くこと」に苦手意識をもっている生徒が多いため，あらかじめ例となる文や文章をいくつか提示する必要がある。また，書くことに困難を覚える生徒には，例文を写すことから始めてもよいことにするなど，個に応じた指導を行う。

3 活動例（第4時／全4時間）
メールを書こう

①挨拶（2分）

②留学生からのメールを読む活動（12分）

　留学生が来月クラスに来ることになっており，その留学生からメールが届いたという場面を設定する。教師は事前に生徒のメールアドレスにメールを送付しておき，生徒はそのメールを開けて読む。読んだ内容について，質疑応答を行い，理解の確認を行う。理解が不十分な場合には，日本語による補足説明を行う。

【留学生からのメール例】

> Hello. I am Emma Green. I will be in your class from next month. Before coming to Japan, I want to know about your hometown. Can you tell me about it?
>
> Sincerely, Emma

③返信メール作成（18分）　　　　　　　　　　　　　　　　　→活動(1)

　生徒にそれぞれの習熟度に応じて，「空所補充」と「オリジナル文作成」のいずれかの方法で留学生からのメールに対する返信メールを作成させる。

④グループによる推敲（15分）　　　　　　　　　　　　　　　→活動(2)

　4人グループを作り，生徒それぞれが作成したメールの内容や言語面について画面共有をしながら推敲させる。その際，まずは内容について，留学生からのメールに適切に返信できているかを確認した後，スペルチェックや文書校正の機能を活用しながら，言語面の確認を行うように指示する。推敲後，メールを教師に提出させる。

⑤振り返り（3分）

　推敲で気になったことを出し合わせる。

6 電話のメッセージを伝えよう

1　活動の概要

(1)タブレット等を使った活動

　普段の授業の中で，リスニングの活動を行う際には，メモをとりながら聞き，その内容を他の生徒に伝えるなどの活動を行っておくと，目的を明確にしたリスニング活動と，既習の語彙や文法を活用して話す活動を同時に行うことができる。

　技能統合した活動として，共有フォルダに保存された音声を聞き，その内容を他の生徒に伝える活動を行う。活動後，聞き手の生徒に伝えることができたことと，伝わらなかったこととを明らかにし，どのようにすれば伝えることができたかを確認して，言語使用に対する意識を高める。

(2)習熟度に応じたグループによる活動

　リスニングの活動において，「聞くこと」が得意な生徒と，苦手な生徒に難易度等が異なる英文を聞かせる活動を行うことが効果的である。聞く英文の長さ，スピード，聞き取る情報量，使用される語彙や文法などが異なる英文を用意し，得意な生徒のグループには難易度の高いものを，苦手なグループには難易度の低いものを聞かせる。

2　活動のポイント

　聞いた内容を伝える活動の際には，聞いた内容をすべて暗記する必要はないことや，必要な情報を単語でもよいので相手に伝える姿勢が大切なことを伝える。

3　活動例（第4時／全4時間）
電話のメッセージを伝える

①挨拶（2分）

②メッセージを聞き，伝える活動（練習）（12分）　　　　　　→活動(1)

　留学生から生徒のルームメート宛に電話があった場面を想定し，留学生からのメッセージを聞いてメモをとり，その内容を伝える活動を行う。生徒は習熟度に応じて2つのグループに分かれ，それぞれのグループに教師とALTが指導を行う。生徒はグループの中でペアになり，それぞれの生徒が異なるメッセージ（情報）を聞き，メモをとった上で，その内容を伝え合う。

【電話でのメッセージ例】

> Can you give a message to your roommate?　Next Saturday, we are going to see a movie and we will meet at 10 in the morning.　But, I have to walk my dog in the morning, so I want to change the time from 10 to 1 o'clock in the afternoon.

③ペアでの確認（23分）　　　　　　　　　　　　　　　　　→活動(2)

　ペアの相手が②で聞いた音声を聞き，より効果的に伝えるためにはどのように伝えればよかったのか等を話し合う。その後，話し合った内容を踏まえ，もう一度メッセージの伝言を行い，その音声を録音する。録音したデータはGoogle Classroom等で提出する。

④共有（10分）

　何人かの生徒に発表させ，メッセージの伝え方や，使用した言語材料などについてコメントを与える。

⑤振り返り（3分）

　メッセージを伝える際に大切なことや，ミスを犯しやすいことについて意見を出し合わせる。

111

7	スピーチを聞き，ALT のプロフィールポスターを作ろう

7　スピーチを聞き，ALT のプロフィールポスターを作ろう

1　年　聞くこと
☐ 個別最適な学び
☑ 協働的な学び
☐ 個別最適な学びと協働的な学び

1　活動の概要

⑴オンラインで自己紹介を聞き取る活動

　Zoom や Microsoft Teams 等の Web 会議システムを使い，ALT，教師，生徒の端末をオンラインでつなぐ。ALT に自己紹介のスピーチをさせ，生徒はそのスピーチを聞き取る。聞き取れない場合に備えて，聞き返すことができるように，タブレット等に録画しておくように指示する。ワークシートで「ALT のプロフィールポスター」を準備し，聞き取った内容を書き込ませる。ALT のスピーチが終わった後，グループ内で確認させ，聞き取れなかったところは，録画したものを聞き返すように指示する。

⑵教師が ALT にインタビューし，その答えを聞き取る活動

　同じく Web 会議システムを使い，教師が ALT にインタビューをする。2 人のやり取りを生徒に聞き取らせ，「ALT のプロフィールポスター」に聞き取ったことを記入させる。聞き取れない場合に備えて，タブレット等に録画しておくように指示する。インタビュー終了後，グループ内で内容を確認させ，聞き取れなかったところは，録画したものを聞き返すように指示する。

2　活動のポイント

　スピーチややり取りを，オンラインで聞き取らせる活動である。オンラインを使えば留学生や海外の姉妹校等とつなぐことも可能である。また，録画をすると，繰り返し聞くことができ，リスニングの力を高めることができる。今回は，グループ活動としたが，個人活動としても行うことができる。

112

---

3 活動例（第1時 / 全4時間）
自己紹介

---

①挨拶（3分）

②今日のめあてと活動の進め方を説明する（5分）

　Zoom や Teams 等の Web 会議システムを使い，オンラインで ALT，教師，生徒の端末をつなぐ。聞き取れない場合に備えて，聞き返すことができるように，タブレット等に録画しておくように指示する。聞き取ったことを「ALT のプロフィールポスター」（ワークシート）に書き込んで提出させることを伝え，ゴールを明確にしておく。

③ ALT の自己紹介スピーチを聞く（15分）　　　　　　　　　→活動(1)

　ALT にオンラインで自己紹介をしてもらい，生徒に聞き取らせる。生徒は，聞き取ったことを「ALT のプロフィールポスター」に書く。プロフィールポスターとは，自己紹介カードのようなものである。自己紹介が終わった後，グループで自分が聞き取った内容を確認する。聞き取れなかった部分や内容が違った部分は録画したものを聞き返すように指示する。

④教師と ALT のやり取りを聞く（20分）　　　　　　　　　→活動(2)

　自己紹介で話されなかったことやもっと詳しく知りたいことについて，オンラインで教師が ALT にインタビューする。生徒は，そのやり取りを聞き，プロフィールポスターに聞き取った内容を書く。生徒が ALT に聞きたいことがある場合は，質問したり教師に質問してもらったりすることもできる。

　インタビュー後，グループで聞き取った内容を確認する。聞き取れなかった部分等は録画したものを聞き返すように指示する。

⑤ ALT のプロフィールポスターを提出する（4分）

　生徒各自で ALT のプロフィールポスターを完成させる。完成したものを写真に撮り，提出用フォルダーに提出させる。

⑥振り返り（3分）

　聞き取りが難しかったところなどを振り返らせる。

8 英文を読んで，ペープサートで表現してみよう

1　活動の概要

(1)ペープサートの発表に向けて練習する活動

　台詞のある読み物教材を読ませ，登場人物とナレーターの役割分担を行い，ペープサートをさせる活動である。よりよい表現活動とするために，物語の出来事だけを読み取らせるのではなく，行間を読み取り，声色や心情，間合いなどを工夫して，ペープサートを行うように伝える。

　英文の表現から，どのような感情が読み取れるか，そして，どのように演じれば，感情を伝えることができるのかをグループで考えさせる。時間短縮のために，登場人物のペープサートは教師が作成しておく。

(2)タブレット等を活用してリハーサルを行う活動

　グループでのペープサート練習後に，リハーサルを行い，その様子をタブレット等で録画させる。生徒は，自分たちの演技を客観的に見ると，課題点に気づき，改善していくことができる。

2　活動のポイント

　ペープサートを行うと，生徒は読み物教材を行間まで読み取ろうとする。ペープサートだけでなく，デジタル紙芝居（スライド等）や音読劇で表現させることもできる。台詞が少ない教材の場合は，自分たちで考えてナレーションを台詞に変えたり，教材が長い場合は一部だけを取り上げたりしてもよい。また，本番の動画は学校のホームページやSNS等で公開し，小中連携の取組として児童に見てもらうこともできる。

3　活動例（第1時／全2時間）
読み物教材

①挨拶（2分）

②本時のめあてを確認する（2分）

　グループ別のペープサートの発表を次時に行うため，本時は内容の読み取り，練習，リハーサルを行うことを伝える。

③グループで内容を把握する（10分）

　グループで教材の内容を把握させる。個々に分担を決めて読んだり，グループ全体で読んだりしてもよい。登場人物は誰で，どのような性格か，どのような場面か，登場人物の心情はどうかなど，深く読むように指導する。

④役割分担をする（3分）

　演じる役割を分担させる。英語での表現力等を考えて，決定させる。

⑤ペープサートの練習（20分）　　　　　　　　　　　　　　→活動(1)

　個々の生徒に自分の役割についてさらに深く読み込ませる。登場人物はどのような感情でこの言葉を言っているのかを考えさせ，その感情を伝えるためにどのように表現するかを考えさせる。グループで話し合いながら，台詞の練習や，間の取り方についても練習させる。

⑥リハーサル（10分）　　　　　　　　　　　　　　　　　　→活動(2)

　練習後，自分たちのペープサート劇を録画させる。録画したものをグループで見ながら，読み取った内容や登場人物の心情は正しかったか，違和感はないかなどを確かめさせる。また，ペープサートの動かし方，声の大きさなど，観客を意識できているかについても検証させる。さらに，教師に録画したデータを送り，アドバイスをもらう。

⑦振り返り（3分）

　活動を通して気づいた点や新たに学んだことについて，振り返る。また，工夫した点，努力した点，次時の発表に向けての意気込みについても，記述させる。

9 誰一人取り残さない！
防災・減災に取り組もう

1 活動の概要

(1)地域の在日外国人のニーズを知る活動

　生徒たちは，２年生の社会科で防災・減災について学習した。在日外国人が増加している一方，提供できている情報が十分でないという課題に気づくことができた。そこで，地域の国際交流センター等に依頼し，地域の在日外国人に対面や Web 会議システムを介したインタビューの機会を設定する。災害の多い日本で生活するなかで，困ったことや必要な情報について尋ね，メモをとらせる。

(2)おすすめ防災グッズの紹介

　インタビューに応じてくれた方に，おすすめの防災・減災グッズを紹介する。グループごとにグッズを順に紹介する。

　例：There are a lot of natural disasters in Japan. Do you prepare the emergency food? I recommend this one ....

2 活動のポイント

　インタビューは英語でできることが望ましいが，在日外国人は英語話者とは限らない。情報の提供は言語だけでなく，イラスト（ピクトグラム等）やマップ（避難場所）も有効であることに気づかせたい。インタビューのメモを参考に，防災・減災情報をグループでまとめ，インタビューに応じてくれた方や市役所に提供することを単元のゴールとする。提供する際には，英語と日本語の並記にする。

3 活動例（第3時／全5時間）
在日外国人の方の意見を聞こう（疑問詞，受動態）

①挨拶（2分）

②自己紹介（5分）

　4〜5名でグループを組み，地域の在日外国人の方に自己紹介をする。グループにつき1名の在日外国人に担当してもらうようにする。

③インタビューをする（15分）　　　　　　　　　　　　　　　→活動(1)

　司会と記録の担当，インタビューの報告者を決め，インタビューを始める。対面ではなくWeb会議システムを使う場合は，ブレイクアウト機能を使う。

　例：Did you have any problems for emergency situation like earthquake, fire, and typhoon in Japan? What kind of information do you need?

④おすすめ防災グッズの紹介（10分）　　　　　　　　　　　　→活動(2)

　生徒自身が家庭で用意している防災グッズや，防災グッズを調べておすすめだと思ったものを紹介したり，質問に答えたりする。紹介は，一人ずつグループ全員が行う。

　例：Have you prepared the emergency food? I recommend this one. This is a special rice pack. It can be cooked with water or hot water. You don't have to use electricity or gas. It can be eaten for 5 years.

⑤振り返り（5分）

　各インタビューの報告者は，どのようなやり取りを行ったのか，学級全体に報告する。インタビューを通じて，さらに必要な防災・減災の情報について気づいたことを伝え合う。

⑥まとめる（13分）

　インタビューメモを参考に，防災・減災に役立つ情報を調べ，グループでまとめる。まとめ方は，動画，Microsoft PowerPointでポスター作成，Microsoft SwayでWebサイトづくり等，グループに委ねるが，地域の在日外国人の方が最も役立てられる方法を考えさせる。

10 世界の友達に日本を紹介しよう

1 活動の概要

(1)紹介したい日本文化のカテゴリーを決める活動

生徒全員の意見を集約するためにワードクラウドを活用する。ワードクラウドは，同じ言葉が複数回入力されると，他の言葉よりも大きく表示される性質をもつ。紹介したい日本文化のカテゴリー（日本食，観光地，漫画・アニメ，日常生活，学校生活等）を全員に1つずつ入力させ，表示された結果を見ながらグループ分けをする。1つのカテゴリーにつき4～5人の生徒を担当させる。

(2)Flip で日本の紹介を録画，投稿する活動

Flip は，相手と短いビデオメッセージを送り合えるアプリである。GridPals の機能を使うと，指導者は外国の交流校を見つけることができる。今回は，互いの文化を紹介するプロジェクトを設定し，協働する。Flip は，簡単にビデオの編集，文字やスタンプを挿入できる機能もあるので，必要に応じて活用するのもよい。

2 活動のポイント

ビデオレターは，リアルタイムの交流と違って撮り直しが可能である。英語を話すことに苦手意識のある生徒の負荷軽減や，アドバイスをもとにブラッシュアップできることが利点である。投稿した動画一つ一つにコメントや質問を送ってもらえるので，発表に加えて相手とのやり取りでさらに発展的な学習ができる。

3 活動例（第7時／全8時間）
"Please come to Japan!" (This is ....)

①挨拶，ペアでチャット（8分）

チャットのテーマ（例：What is popular in Japan?）を提示し，隣の座席の生徒と1分ずつ対話を行わせる。その後，数名を全体の前で発表させる。

②指導者によるデモンストレーション（6分）

教師は日本文化を紹介するモデルを示し，活動の見通しをもたせる。

例：This is a kind of kimono. This is summer kimono. We call it *yukata*. I have this blue *yukata*. You can try it in Kyoto, Japan. You can choose your favorite one.

③GridPal（交流校）に紹介するためのカテゴリー分け（10分）　→活動⑴

GridPal となる国を発表する。Mentimeter のワードクラウドを使いその国の生徒たちに紹介したい日本文化のカテゴリーを入力させ，それぞれメンバーを決める。

④紹介文の作成（10分）

グループの仲間と協働し，各カテゴリーの中で紹介する5項目を何にするかを考えさせる。例えば，日本食のカテゴリーでは，寿司，天ぷら，うどん，どら焼き，大福などが考えられる。1人1項目ずつ担当し，紹介文を5～6文程度で作成させる。紹介文が完成したら発表し合い，互いにアドバイスをする。

⑤Flip で録画，投稿（10分）　→活動⑵

Flip を開き，GridPal に向けて紹介動画を録画させる。口頭説明だけでは内容が伝わらない場合は，文字も入力させる。

⑥自己調整（6分）

グループが投稿した動画を互いに見合い，Flip のコメント欄にアドバイスを書いたり，直接伝えたりさせる。特に，外国の GridPal に伝わるかどうかの観点で見合うことを重視させる。必要に応じて撮り直しをさせる。

11 読み手を意識して書こう

1　活動の概要

(1)興味・関心があることを書く活動

　教師が4～5文程度で興味・関心があることについて書いたモデルの英文を提示する。生徒は，示されたモデルを参考にしながら，Microsoft Wordや Google ドキュメントで，生徒自身の興味・関心があることについて英語で書く活動を行う。モデルの英文は単元で学習した既習の文法が含まれるようにするとともに，最後の文は読み手に質問をする形とする。Word 等のファイルは共有フォルダに保存する。

(2)クラスメートが書いた内容に返信する活動

　4人程度のグループになり，共有フォルダにある他のグループのメンバーが書いた英文を読み，それに対する返事を書く。これにより，質問の英文に対して，他のグループの生徒が返事を書くことになる。

(3)友人について新たに知ったことを書く活動

　他のグループメンバーからの返信を読み，それらから友人について新たに知ったことをまとめて書く。

2　活動のポイント

　すべての生徒が最低3文程度の英文を書くために，教師がモデル文を提示し，その一部を変えるだけでもまとまった英文を書くことができるようにする。

3　活動例（第4時／全4時間）
友人のことを知ろう！

①挨拶（2分）

②スモールトーク（5分）

　教師が興味・関心があることについて，生徒に話しかける。その後，質疑応答により，内容に関する理解度を確認するとともに，教師が1文ずつ発話し，生徒はその後に繰り返す。

③例文の提示（8分）

　スモールトークで教師が話した内容を板書する。

【板書例】

> I like playing baseball. I have played baseball since I was six years old. I practice baseball every day. How about you?　What do you like to do?

　板書した英文を教師が音読し，それを生徒が繰り返した後，最後の質問 "What do you like to do?" について，教師が数人の生徒とやり取りを行う。

④ライティング活動①（8分）　　　　　　　　　　　　　　→活動(1)

　板書を参考に，生徒が興味・関心があることを3文以上の英文で書く。

⑤ライティング活動②（18分）　　　　　　　　　　　　　→活動(2)

　4人程度のグループになり，グループ内の他の生徒が書いた英文を読み，最後の質問に対する回答を書き込ませる。

⑥ライティング活動③（7分）　　　　　　　　　　　　　　→活動(3)

　グループの他の生徒が書き込んだ回答を読み，友人について新たに知ったことを書き込む。

⑦振り返り（2分）

　他の生徒から学んだことを共有させる。

12 ポスターセッションをしよう

3　年　技能統合
☐個別最適な学び
☑協働的な学び
☐個別最適な学びと協働的な学び

1　活動の概要

⑴ICT を活用した協働的な活動

　4人程度のグループになり，プレゼンテーションやポスター発表の内容について ディスカッションを行う。その際，Google Jamboard 等，オンライン上で複数の生徒が同じ画面を共有しながら，リアルタイムで書き込むことができるツールを活用することが効果的である。書き込んだ内容を保存してグループのメンバー内で共有できるため，ディスカッションの内容を基に個人の意見をまとめる活動に活用することもできる。

⑵ポスターセッション

　生徒はグループで社会的な話題等について調べたことをまとめ，ポスターを作成する。その後，全グループの半分を教室の前，残りの半分を後に集め，各グループが順にポスターの内容を2分程度の英語で説明し，質疑応答を行う。発表の様子については，タブレット等で録画しておく。すべての発表が終わった後に，自分たちのグループの発表を動画で確認して，振り返りを行う。

2　活動のポイント

　ディスカッションを行う際にはグループ内の役割（司会，発表，書記，タイムキーパー等）を決めさせることや，ポスターセッションでは必ず全員が発表するように指示する。役割については，常に固定したものではなく，ディスカッションごとにローテーションするようにする。

3 活動例（第2時／全4時間）
ポスターセッション

①挨拶（3分）

②教科書の題材（環境問題などの社会的な話題）に関する振り返り（10分）

　教科書の題材（環境問題などの社会的な話題）について，本文ではどのような課題があるのか，その解決にどのような取組がなされているのか等について，教師がMicrosoft PowerPoint等の視覚資料を用いて示すとともに，生徒とのやり取りをしながら内容理解の確認を行う。生徒とやり取りを行う際には，教科書で扱われている社会的な話題が生徒の生活にも関連していることや，中学生でもできることがないかを考えさせるなど，生徒が「自分のこと」として捉えられるようにする。

③社会的な話題の解決策に関するブレインストーミング（20分）　→活動⑴

　生徒は個人で社会的な話題の解決方法を考えた後，4人程度のグループになり，Google Jamboard等のツールを活用しながら，様々な解決方法を挙げるとともに，各方法の効果等について話し合う。最後に，グループとして提示する解決策を1つ決定する。話し合いの前に役割（司会，発表，書記，タイムキーパー等）を決めるように指示する。

④解決策の共有（10分）　　　　　　　　　　　　　　　　→活動⑴

　各グループが提示する解決策を全体で共有する（各グループの発表担当の生徒が1～2文でグループとしての解決案を説明する）。教師は必要に応じてコメントする。

⑤ポスターの割り付け等決定（5分）　　　　　　　　　　　→活動⑵

　ポスターの割り付けをグループで話し合う。聞き手が理解しやすくなるように，絵や写真なども効果的に活用するように指示する。

⑥振り返り（2分）

　次回のポスターセッションに向けて，本時の取組についての問題点を振り返らせる。

123

13 冬休みの思い出を聞き取ろう

1 年 聞くこと
□個別最適な学び
□協働的な学び
☑個別最適な学びと協働的な学び

---

1 活動の概要

---

(1)タブレット等を使い，聞き取る活動

　ALT が冬休みに行った家族旅行について話している音声データを，量やスピード，難易度を考えながら4分割する。習熟度に合わせて各生徒に音声データをメールで送る。生徒は自分の端末から，音声を聞き取り，内容をメモする。聞き取れない場合は，何度も聞き返したり，スピードを変えたりしながら，個人で聞き取らせる。

(2)グループで聞き取ったことをまとめる

　異なる英文を聞き取った4人を1つのグループにする。各生徒が聞き取った英文について，グループ内で発表し，ALT の「冬休みの思い出」について，いつ，どこで，何をしたかについて時系列にまとめさせる。正しく聞き取れているかを確認するため，グループ全員ですべての英文を聞くように指示し，旅行記（ブログ）にまとめさせる。

---

2 活動のポイント

　ALT にはいつ，どこで，何をしたか，どう感じたかを伝えるように事前に指示しておく。聞き取る内容も難易度を変え，生徒個々に応じた活動ができるようにする。また，個人での作業と協働での作業とを繰り返すと，生徒は他の意見を聞き，自分の間違いや改善点に気づくことになる。グループ内でまとめる際には，全員が意見を出し合い，旅行の流れを工夫して表現するように指示する。

---
3 活動例（第1時／全2時間）
冬休みの思い出
---

①挨拶（2分）

②ティーチャーズトーク（8分）

　本時のモデルとなる冬休みの思い出を聞かせる。

③生徒個々での聞き取り活動（15分）　　　　　　　　　　　→活動(1)

　教師は，ALT が「冬休みの思い出」について話した4種類の音声データ
を，生徒の習熟度に合わせて選び，それぞれメールで送る。生徒は送られた
音声データを聞き取り，聞き取った内容をメモする。

【例：冬休みの思い出】

> I traveled to Kyoto with my parents during winter vacation. We stayed there for a week. On the afternoon on December 31, we visited Kinkaku-ji. It was beautiful, but it was very cold. （難易度：易）
>
> On the evening on December 31, we visited Kiyomizu Temple. It is famous for a big wooden stage. We wanted to hear *Joya no kane*. *Joya no kane* means "the New Year's Eve bell." Bells are rung 108 times at temples around midnight on New Year's Eve. I was very happy to hear *Joya no kane*. It was great.　　　　（難易度：難）

④グループで ALT の冬休みの思い出をまとめる（20分）　　→活動(2)

　異なる英文を聞き取った4人を1つのグループにし，聞き取った内容をグ
ループ内で発表させる。正しく聞き取れているか英文をグループ全員で聞く。
Microsoft Word や Google ドキュメント等の文書作成ソフトで旅行記（ブロ
グ）を時系列にまとめさせる。文書はグループ内で共有し，できあがった旅
行記（ブログ）を提出用フォルダーに提出させる。

⑤振り返り（5分）

14 グループで物語文を読もう

2 年 読むこと
□個別最適な学び
□協働的な学び
☑個別最適な学びと協働的な学び

1 活動の概要

(1)タブレットを使った読む活動

クラスを数人のグループに分ける。物語文を8分割し，難易度別にA〜Hのファイル名をつける。Google Classroom 等で生徒全員に物語文すべてを配付する。グループ内でA〜Hの英文のどのファイルを誰が読むのかを決めさせる。決める際には，生徒に自分の習熟度に合った英文を選ばせる，複数のファイルを読むなど，工夫させる。読み終えた生徒は他の英文を開いて読んでもよいことにする。つまり，速く読める生徒は決められた英文以外を読んでもよいし，時間がかかる生徒は決められた英文だけでもよいことにする。英文を読んだ後は，ワークシートに概要を書いておくように指示する。

(2)グループで内容を確認し，英文の並べ替えをさせる活動

グループでA〜Hの英文を読み終えた後に，自分が読んだ英文の概要をグループ内で発表させる。概要をワークシートに書き込ませ，A〜Hの英文を，1つの物語文にまとめさせる。英文を読み返しながら，接続詞や代名詞，時を表す語句に注目させ，A〜Hのストーリーをワークシートに書かせる。

2 活動のポイント

生徒個人の学力に合わせ，読めそうな英文を読むことで活動に主体的に取り組むことができる。また，グループ内でもう一度英文を読み返すと新たな気づきが生まれる。物語文だけでなく説明文や伝記，教科書本文などでも応用できる。英文は，いくつに分割してもよい。

3 活動例（第1時／全3時間）
読み物教材

①挨拶（2分）

②今日のめあてを確認し，活動の説明を行う（3分）

　クラスをいくつかのグループに分ける。今日の活動は，物語文を分割したものを個人で読み，その後，グループで協力して内容がつながるようにまとめる活動であることを伝える。教師はA～Hの概要をメモするワークシートを準備しておく。

③グループで協力して英文を読む（20分）　　　　　　　　　　　→活動(1)

　Microsoft WordやGoogleドキュメント等の文書作成ソフトで，読み物教材を8分割したデータを作成し，難易度別にA～Hのファイル名をつける。そのデータをGoogle Classroom等で生徒に配付する。グループ内で各生徒が自分の習熟度に合ったファイルを選んで開いて英文を読み，概要をメモする。読み終えた生徒は次のファイルを開いて読んでも構わないことにする。分からない単語は，タブレット等で調べさせる。

④グループで物語の流れを考える（20分）　　　　　　　　　　　→活動(2)

　生徒たちが読んだ英文の概要をグループでまとめさせる。まとめる時は，グループ全員で，同じファイルを開き，英文を確認する。これにより，グループ内で確認やアドバイスができる。すべての英文の概要が分かれば，A～Hをどのようにまとめると物語が他の生徒に理解されるかをグループで考える。その際，英文を見ながら接続詞や代名詞，時を表す語句に注目させ，物語がつながるように考えさせる。

　まとめることができたら，提出用フォルダーに提出させる。これを活用して，グループでの発表へと進める。

⑤振り返り（5分）

　活動を通して気づいた点や新たに学んだことについて，振り返る。また，工夫した点，努力した点，課題点についても記述させる。

15 ご当地限定を提案しよう

1 活動の概要

(1)Quizlet で，食べ物の味や食感，素材等の語句に親しませる活動

　本時は，ご当地限定かき氷を提案する活動である。教師は，あらかじめ Quizlet（無料版）に生徒を登録し，「学習セット」に扱う単語を入力しておく。Quizlet はデジタル単語帳のようなもので，単語と意味をマッチしたり，テストをゲーム感覚で繰り返し行ったりすることができる。生徒は Quizlet を開き，個人の習熟度に応じて練習させる。その際，どの語句が自分のかき氷を説明する際にもっともふさわしいかを考えさせる。

(2)かき氷を説明するために必要な語句を出し合う活動

　Mentimeter の投票機能を使い，担当する都道府県を決め，その特産物を調べる時間を与える。ペアインタビュー（例：What food is popular in Fukuoka? *Mentaiko*? *Ramen*?）を通じて，味や食感，素材等のイメージをふくらませる。

2 活動のポイント

　かき氷の特徴を，急に個人で考えることに抵抗感を感じる生徒もいる。Quizlet で様々な語句に触れ，個人でかき氷の特徴を考えた後に協働すると，さらにイメージがふくらんでいく。ペアでのやり取りを通じて自分の課題を明らかにする。かき氷の特徴を表す語句をまだスムーズに言えない場合は，Quizlet で再び練習をさせる等，自分の到達度に応じさせる。もちろん，かき氷を鍋やピザにしてもよい。

3 活動例（第1時 / 全2時間）
ご当地限定かき氷を提案しよう（形容詞，関係代名詞）

①挨拶，ペアでチャット（7分）

　ご当地かき氷イベントの写真と，チャットのテーマ（例えば"What prefectures have you ever visited?""Do you like shaved ice?"等）を複数提示する。各自がテーマを1つ選び，隣の座席の生徒と1分ずつ対話を行わせる。

②オーラル・インタラクションと担当する都道府県の分担（10分）

　教師がかき氷のイラストを見せながら話し，活動のイメージをもたせる。

　例：This is the Miyazaki shaved ice which I designed. I use *Hyuganatsu* that is grown in Miyazaki. Do you know it? It's a kind of orange. It's fresh and a little sour. Here is *Hyuganatsu* jam. It's good with ice.

　かき氷を創作したい都道府県を1つ選び，Mentimeterで投票させる。投票結果のデータを示し，生徒の希望に応じて変更させる。

③Quizlet を使ったドリル活動（10分）　　　　　　　　　　→活動(1)

　全体で語句を確認した後，Quizletで自分のレベルにふさわしい学習モードを選び，かき氷の味や食感等を表す語句を練習させる。

④ペアでインタビュー活動（10分）　　　　　　　　　　　　→活動(2)

　"What prefecture did you choose?""What food is popular in Fukuoka?""What event is famous?""What flavor is the syrup?"等，2分程度ずつのインタビューを通じてかき氷のイメージをふくらませる。

　その後，ペアで自分の創作するかき氷を5〜7文程度の英文で，口頭で紹介し合う。

⑤自身の課題に応じた練習（10分）

　生徒が語句を選んで紹介できた場合には，かき氷のイメージを Microsoft PowerPoint の描画で描かせる。必要に応じて，特産物や名所の写真を加えさせる。

⑥振り返り（3分）

16 一人一人のできることを合わせ、持続可能な社会を作ろう

---

1 活動の概要

---

(1)グループ内で自分の考えを紹介する活動

　5人ずつのグループを組み，持続可能な社会の実現のために自分にできることを表現可能なレベル（語句，表現，文章）で一人ずつ発表させる。一人あたり1分間ずつ発表し，マイバッグ，マイボトル，写真など，実物や資料を提示して話すことを推奨する。特に英語を苦手とする生徒には，語句や簡単な表現と提示物を利用して，それなりの発表となるように仕組んでおく。

(2)グループで動画作成，投稿する活動

　協働している外国の中学生に向けて，提案する動画（20～30秒程度）をグループごとに1本ずつ作成する。(1)で個々に作成したアイデアを合わせたり選んだりして，まとめ上げる。もちろん，それぞれ発表をつなげてもよい。タブレットを使い，校内の好きなところで撮影してよいこととし，グループの生徒全員が動画の中で必ず発話することを伝える。完成した動画はPadlet（電子掲示板）に投稿させる。

---

2 活動のポイント

　Padletは，動画，画像，文章，リンク等様々な種類の投稿ができ，URLを知っていれば誰でも見ることができる。また，時差等関係なく協働学習を行える利点をもつ。海外の中学生にも伝わりやすくするために，時間に余裕のあるグループには，動画と同時に文章を入力させる。英語の間違いは，グループでチェックさせるとともに，教師が最終的に見直す。

3 活動例（第7時／全8時間）
"What do you do for sustainable life?"（現在形，can）

①挨拶，ペアでチャット（5分）

"What do you do for sustainable life?" のテーマで，単元を通じて考えさせる。様々なアイデアを交流できるように，毎回座席を替えてペアを刷新して話し合わせる。

②頻出の語句や表現を練習する（6分） →活動(1)

SDGs でよく扱われる語句（reduce, plastic, sustainable, garbage 等）をQuizlet にリストアップしておく。アプリや URL から Quizlet を開き，2分間個人練習を行わせる。その後，クラス全体で速さと正確さを競う Quizlet Live を行い，普段慣れていない語句にもゲーム感覚で親しませる。

③個人発表（6分）

実物や資料を示しながら，グループ内で1分ずつ5人が順に発表をする。

例：This is my water bottle. I use this bottle every day. I can reduce plastics and CO_2. I can save lives. For example, I can save sea turtles.

④動画作成（20分） →活動(2)

校内の好きな場所に移動し，グループごとに録画をする。

例：For sustainable life, we reduce plastics. This is my eco bag. I use it for shopping. I don't buy plastic bags. I bring my water bottle. This is mine. I don't buy plastic bottles. We can save resources and we can save lives. How about you? What do you do for sustainable life?

⑤Padlet へ投稿し，互いの投稿にコメントする（10分）

Google Classroom 等のプラットフォームを通じて，Padlet にアクセスし，④の動画を投稿させる。完了したら，他のグループの動画を見て，"I like your idea." "I have my bottle, too." 等，コメントを投稿させる。海外からのコメントが返ってきたら，メッセージのやり取りをさせる。

⑥振り返り（3分）

17　Webページを作成しよう

1　活動の概要

⑴タブレット等を使った活動

　Microsoft PowerPointやGoogleスライド等のプレゼンテーションソフトを活用し，絵や写真を示しながら学校の行事等を紹介するWebページ用のスライドを作成する。

　普段から教科書の本文内容をスライドにまとめる活動等を行うことによって，生徒は内容を的確に書いて伝えることに慣れて，この活動をスムーズに行うことができる。

⑵習熟度に応じた活動

　スライドを作成する際，習熟度に応じて異なる活動を行う。「書くこと」が得意な生徒は，絵や写真の内容を説明する文章をオリジナルで作成する。一方，「書くこと」が不得意な生徒は，空所補充を行う。教師は使用できる語彙を提示するなどの支援を行う。

2　活動のポイント

　Googleスライド等を活用すると，作業中に他の生徒のスライドを見ることができる。他の生徒のスライドを参考にして，ただ真似るだけではなく，よい点を積極的に取り入れて，完成度の高いものに作り上げるように指示をする。

　また，完成したスライドを学校のWebページの学校紹介のコーナーに載せて，学校の魅力を発信することもできる。

the sixth
chapter

3 活動例（第3時 / 全4時間）
学校紹介の Web ページを作成しよう

①挨拶（2分）

②オーラルイントロダクション（7分）

遠足等の学校行事について，写真を見せながら教師が英語で生徒に紹介する。質疑応答により生徒の理解度を確認し，その後，紹介した内容を Web ページとしてまとめたものを提示する。その後，Web ページの英文を教師が読み上げ，生徒はそれに続けて繰り返す。

③ Web ページ作成（10分）　　　　　　　　　　　　　　　　→活動(2)

生徒は共有フォルダに教師が保存した複数の学校行事の写真から1枚選び，その内容を説明する英文を作成する。「書くこと」が苦手な生徒用には空所補充により説明できる写真も数枚用意しておく。

Google スライド等を活用する場合は，生徒の作品を教員が適宜確認し，よい事例があれば，全体にその内容をモデルとして示す。

④グループでの Web ページの作成（15分）　　　　　　　　　　→活動(1)

4人程度のグループを作り，各生徒が作成した説明文を基に，配置等について検討するとともに，Google スライド等を活用し，Web ページ用に1枚のスライドにまとめる。

⑤発表（8分）

いくつかのグループがスライドを見せながら発表する。また，教師は発表を聞き，コメントを与える。

⑥スライドの改良（6分）

他の生徒の発表や，教師からのフィードバックを基に，スライドの内容をよりよいものにする。

⑦振り返り（2分）

改善した点を共有させる。完成度の高いスライドを学校の Web ページに載せることを伝える。

18　ALT を紹介する記事を書こう

1　活動の概要

⑴インタビュー活動

　授業では，教師が質問をし，生徒が答える場面は多いものの，生徒が質問をする場面はそれほど多くはない。これでは，状況に応じた質問をしながらコミュニケーションを図る力を育成することはできない。そのために，授業では，生徒が主体となって質問を行う場面を設定する必要がある。例えば，教科書の登場人物にインタビューを行うと仮定し，ペアで一方が登場人物，他方がインタビュアーとなってインタビューを行うなど，日頃の授業においても，質問をしながらコミュニケーションを図る場面を設定できる。

⑵ライティング活動（記事の作成）

　インタビュー活動の様子をタブレット等で録音，録画し，それらを聞いて記事を作成する活動を行う。記事の読み手を意識し，必要な情報を取捨選択しながら記事を書くように指示する。タブレットを使用しない場合には，メモをとるように伝える。

2　活動のポイント

　インタビュー活動では，「話すこと」や「聞くこと」が苦手な生徒は「事実発問」を，得意な生徒は「評価発問」を行うなど，生徒の英語力に応じて質問を考えさせる。記事の作成では文字情報だけではなく，写真の配置や読み手を引きつけるタイトルを考えるなど，生徒の強みを生かして取り組ませる。

3 活動例（第3時 / 全4時間）
ALT を紹介する記事を書く

---

①挨拶（3分）

②インタビューの書き起こし（10分）　　　　　　　　　　　→活動(1)

　前時では，生徒は5〜6人のグループで，各生徒がそれぞれのテーマ（ALT の出身国や趣味など）で質問を考えておき，各グループ5分程度でALT にインタビューを行い，その様子を録画しておく。本時では，各生徒がその動画を見直し，回答（ALT の発話）を書き起こす。

③記事の割り付け決定（10分）

　書き起こした内容を基に，各回答の情報量等を比較検討しながら，記事の割り付けを検討する。その際，読み手に「読みたい！」と思わせるように，絵や写真を効果的に使うことや，英語の表現についても，間違いがあれば訂正すること等を指示する。

④記事の作成（15分）　　　　　　　　　　　　　　　　　→活動(2)

　各生徒が1人1台端末を活用しながら担当する記事を書く。その際，Google スライドの共有機能等を活用して，グループの他の生徒の進捗を確認させる。もし，困っている生徒がいる場合には，グループでサポートを行うように指示する。教師は，全体を俯瞰して，ポイントを提示してグループで話し合わせるように仕向ける。

⑤モデルの共有（10分）

　記事の作成状況を教師が確認しておき，タイトルのつけ方や写真や絵の使い方，記事の配置方法等，他のグループの参考になるものを共有し，その記事のよい点について解説を行う。この解説を踏まえ，生徒は次時に記事の改善を図る。

⑥振り返り（2分）

　各グループから，記事の改善に向けて話し合ったこと等を全体で共有させる。

【編著者紹介】

菅　正隆（かん　まさたか）

大阪城南女子短期大学学長・教授，大阪樟蔭女子大学名誉教授。岩手県北上市生まれ。大阪外国語大学卒業後，大阪府立高等学校教諭，大阪府教育委員会指導主事，大阪府教育センター主任指導主事，文部科学省初等中等教育局教育課程課教科調査官・国立教育政策研究所教育課程研究センター教育課程調査官，大阪樟蔭女子大学教授を経て，2022年4月より現職。文部科学省教科調査官時代，日本初の小学校外国語活動導入の立役者。英語授業研究学会理事，一般社団法人「日本SDGs協会」理事，一般社団法人「日本プログラミング検定協会」理事。

【執筆者紹介】 ＊執筆順

佐藤　彩香　盛岡大学文学部児童教育学科助教
梅本　龍多　和歌山県橋本市立あやの台小学校
江尻　寛正　岡山県教育庁義務教育課学力向上対策班総括副参事
植西　仁美　和歌山大学大学院教育学研究科准教授
北野　　梓　大阪府立富田林中学校・高等学校
松下　信之　大阪府教育庁教育振興室高等学校課首席指導主事

英語授業の「個別最適な学び」と「協働的な学び」
小・中学校の授業アイデア36

2023年10月初版第1刷刊	©編著者	菅	正　隆
2024年7月初版第2刷刊	発行者	藤　原　光　政	

発行所　明治図書出版株式会社
http://www.meijitosho.co.jp
（企画）木山麻衣子（校正）丹治梨奈
〒114-0023　東京都北区滝野川7-46-1
振替00160-5-151318　電話03(5907)6702
ご注文窓口　電話03(5907)6668

＊検印省略　　　　　組版所　広研印刷株式会社

Printed in Japan　　　　　ISBN978-4-18-352425-6
もれなくクーポンがもらえる！読者アンケートはこちらから